JN074681

高山先生の **若手スタッフシリーズ**

税理士事務所 スタッフが
社長と話せる
ようになる本　税理士 高山 弥生 著

税務研究会出版局

　税理士事務所に勤務して 3 年ほど経過して仕事を一通りこなせるようになった頃、ぶつかる新たな壁が「社長との会話」です。

　社長は交友関係の広い方が多く、そこから玉石混交の情報を仕入れて、その真偽のほどを確認する先は税理士事務所スタッフです。また、今般の新型コロナウイルス感染症拡大のときに顕著でしたが、税法とは全く関係ない借入れや助成金であっても、社長にとっての相談相手は税理士事務所スタッフです。

　さまざまな情報に触れる社長、有事に厳しい経営判断を迫られる社長、また、創業希望の未来の社長に対して、税理士事務所スタッフはどのような知識を持っていれば社長をサポートできるのか。このことに重点を置いて執筆しましたので、本書を読んでいただければ、社長と話すことは気が進まぬことではなく、楽しくなるはずです。本書も前著に続き、松木さんと竹橋くん、梅沢先輩が登場する会話形式ですので、気負わずに読んでいただけると思います。

　令和 2 年は日本人の記憶に残る年となるでしょう。新型コロナウイルス感染症の拡大によりオリンピックは延期、緊急事態宣言の発令により経済活動を自粛せねばならなくなり、新しい生活様式を取り入れざるを得ず、日本経済はかなりの打撃を受け、体力のない中小企業からは悲鳴が上がりました。

　税理士・公認会計士は、令和 2 年 4 月の緊急事態宣言の発令時、罹患の危険性を抱えながらも関与先の資金調達支援、助成金や給付金申請の支援をし、なんとか日本の経済を、中小企業を守ろうと奔走しました。官公庁から五月雨式に出ては更新される情報を Facebook や Twitter などの SNS で共有し、一丸となってこの危機に立ち向かったのです。そんな彼らを見て思いました。

　私にできることは何だろうか。

　彼らが今、取り組んでいる業務について
　わかりやすく伝えることが
　税理士事務所スタッフが社長と話せるようになるキッカケとなり
　ひいては、税理士業界にとってプラスになるのではないだろうか。

　これが本書の執筆動機です。

資金調達については税理士試験科目にありませんから、担当した会社が借入れを起こすことで初めて学ぶ人も多いと思います。その時に、ベースとなる知識があれば理解しやすくなりますし、社長に借入れの相談を受けたときも尻込みせずに済みます。そこから広げて、直接業務に関連するかにこだわらず、税理士事務所スタッフが社長と話せるようになるために必要な知識をまとめました。本の内容をベースに、社長とコミュニケーションを重ね、社長にとって最高のサポーターになっていただきたいと思います。

　今回も執筆にあたりたくさんの方にご支援いただきました。
　コロナ禍において私ができることに気づかせてくださった税務研究会の川筋優様、本書の企画に全面的なサポートをしていただいた税務研究会の加島太郎様、田中真裕美様、前作に引き続き企画の段階から相談に乗っていただいた税理士の花島恵様、社会保険労務士・行政書士の徳永潤子様、少し成長した３人の可愛いイラストを描いてくださったイラストレーターの夏乃まつり様、アドバイスをくださった日本生命保険相互会社の長岡貴久恵様、税理士の渡邊義道様、税理士の吉羽恵介様、税理士の山田誠一朗様、税理士の山浦佑太様、弁護士の佐藤愛美様、コロナ禍でお忙しい中ありがとうございました。

　師匠である税理士の小口守義先生、次作は特に先生の教えを詰め込んだ本にしたいと思っています。これからもご指導宜しくお願い致します。
　尊敬する税理士の一人であり、夫である村田顕吉朗、自身も所長として忙しい中、私の執筆時間を作ってくれてありがとう。いつも感謝しています。

　前作を読んでくださり、いろんな形で感想を寄せてくださった皆様、本書を書くにあたり心の支えとなりました。レビューをいただいたり、ブログなどで前作をご紹介いただいた記事を見つけるたびに、担当の田中さんと喜び合っていました。本当にありがとうございました。

　読んでくださった皆様が、社長と話すのが楽しい！と思えるようになりますように。

令和２年９月

　　　　　　　　　　　　　　　　税理士　高山　弥生

キャラクター紹介

松木 ひとみ

26歳。大学卒業後、一般企業に勤めていたが、税理士を志し、山田税理士事務所に入所。
大学時代に簿記を勉強していたこともあり、一般企業で働きながら簿記論と財務諸表論に合格した頑張り屋さん。

竹橋 ふみや

26歳。大学の経営学部を卒業した後、アルバイトをしながら勉強し、簿記論、財務諸表論、消費税法・相続税法に合格している。
頭は良いが、ときどき本音が出てしまう。

梅沢 みきひさ

44歳。税理士になって15年以上のベテラン税理士。松木さんと竹橋くんの教育係。

目　次

第3章　創業も借入れも節税も　夢実現のサポーター、それは税理士事務所 ………………………… 61

本書は、令和 2 年 9 月 1 日現在の法令に基づいています。
また、文中の意見部分は私見が含まれます。

第1章

税理士事務所の仕事は
AIに駆逐されてしまうのか？

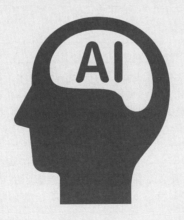

1-1　702の職業の47%がAIに置き換わる？

☑ オズボーン論文

先輩、週末に行政書士の友人に会ったんですけど、彼女、AIで仕事がなくなるのは税理士もでしょ？　っていうんですよ。

最近、そういう質問を受けることが多いね。行政書士だけじゃない、司法書士や社会保険労務士といった代書業といわれる職業がAIに取って代わられるといわれている。

税理士を目指して勉強している身としては嫌だなあ。

こんな話がでるようになったのは、オックスフォード大学のマイケル・A・オズボーン准教授が2013年に発表した論文「雇用の未来」が発端なんだ。

私、ちょっと気になって調べたんですけど、702の職業のうち47%が10年から20年後に機械に代替される、っていっているんですよね。

47%という数字がちょっとショッキングだよね。オズボーン准教授はコンピュータ化するのに障壁となる9つの特性を抽出して、これが含まれる度合いが低ければその仕事はいらない可能性が高い、としている。

なんか、そんな話を何年か前に雑誌とかで見た覚えがありますよ。9つの特性ってどんなものでしたっけ？

手先の器用さとか、芸術性とか、交渉、説得、気遣いとか。

めっちゃ人間チックですね。

うん。だからこそ AI に代替されないんだけど、行政書士や司法書士の業務の中の、決められたルールの通りにやる、というタスクは確かに人間より機械の方が正確にできる。

そうですよね……。

でも、僕は行政書士にしても税理士にしても、職業が AI のせいでなくなるとは思っていないんだよね。

東ロボくんプロジェクトから考える

東ロボくんプロジェクトって知ってるかな？

あ、ロボットが東大に合格できるか、試したヤツですよね。『AI vs. 教科書が読めない子どもたち』（新井紀子著）という本を読んだことがあって。面白かったですよ。

竹橋くん、知ってるのね。

うん。ちょっとだけど。AI の和訳は人工知能だから、まるで人間の知能と同等レベルの能力を持っていると勘違いしそうになるけれど、まだそのレベルでの人工知能は存在していないんだって。

そうだね。AIといってしまっているけれど、AIを実現するために開発されているさまざまな技術。AI技術だね。

 東ロボくんは東大に合格できたんですか？

 いや、まだのはず。

AIはコンピュータ。コンピュータがしていることは計算であって、意味を理解しているわけではないから、英会話が自然な流れになるように空欄に文を入れるといった問題はもうお手上げなんだ。

 意味を理解していないんですか？

AIは計算機でしょ？　計算機は数式、つまり数学の言葉で表現できないことは計算できない。数学の言葉である論理、確率、統計では意味を表現する方法がないから、AIは意味を理解することが必要な分野では鉛筆を転がすのと同じくらいの正答率だろうね。

 でも、Siriは話しかけると答えてくれますよ？

あれは意味を理解しているわけではないんだ。統計的手法によって一番可能性が高いと予測したものを出力しているにすぎない。

 フレンチ以外、と言ってもフレンチレストランを検索しちゃうし。

 Siriは「以外」の意味がわからないのね。……なぜフレンチ以外？

 だって高そうで行かないから除外したくて（笑）

✅ シンギュラリティは来ない！？

いまのAIはこんな感じ。
僕としては、シンギュラリティは来ないと思うんだよね。

シンギュラリティ？

仮面ライダーのセリフにあった！ 「シンギュラリティに到達した」とか。話の中ではロボットが自分の意志を持つようになった、みたいな意味だったような。

今のちびっこは小さい頃からこんな高度な内容に触れているのか💧
シンギュラリティは、AIが自ら人間より賢い知能を生み出すことが可能になる時点のことだよ。

AIは意味を理解できないんですよね？
シンギュラリティに到達するのは難しいのではないかしら。

でも、来るかも、って思っていた方がSFみたいで夢があるよ。

✅ 職業がなくなるのではなくタスクがなくなる

行政書士でいえば、代書業といわれる部分はAIに置き換わるかもしれないけれど、遺言作成や遺産分割協議書の作成といった業務はコミュニケーションを必要とするからAIが代替するのは難しいだろうね。

行政書士という職業がなくなるわけではないってことか。

職業ではなくタスクがなくなる。
現在ではこの考え方が主流になってきているんだ。

じゃあ、行政書士の業務の中で、AIに取って代わられない業務を身につければ生き残れる、ということですね！

その通り。オズボーン准教授の論文は現場の働き手と全く接触することなく机上で計算した結果をもとに書かれていて、それを批判する声もある。ショッキングな内容だったから耳目を引いたけれど、全部その通りになると恐れる必要はないんだ。

✓ 税理士業務はどうなる？

そうしたら、税理士の仕事内容も同じことがいえるわけか。
税理士業務でAIに置き換わるのは何だろう？

記帳業務じゃないかしら。

そうだね。これはすでにFintechでかなりの部分自動化されてきている。でも、落とし穴があってね。

落とし穴？

システムに甲という企業からの入金は売掛金の回収だと一度覚えさせれば、次回からはそのように処理してくれるけれど、それが、たまたま売掛金ではなく預り金だったとしたら？

システムはいつもの通り売掛金の回収として処理し続けてしまいます。

そうなんだよね。1を1と入力する、それは機械の方が人間より正確だけど、その処理が正しいかどうかを判断することはAIにはできない。人間が確認するしかないんだ。

確かに。

入力業務は激減するだろうけれど、入力されたものが正しいかどうかのチェックが重要になっていく。加えて、この取引にはこの仕訳と設定したり、それから外れた場合の訂正の作業は変わらず人間が行うから、**取引の内容と会計・税務のルールを理解している人材が大事。**

裏を返せば理解していない人材はいらなくなるってことか。

わ、実力をつけないといけないですね。

僕としては、このチェック能力は自分自身で起票作業を経験することで身につく能力でもあると思うんだ。

仕訳入力してみて理解することも多いですよ。

そうなんだよね。でも税理士事務所も、単純作業がなくなればその時間をコンサルティング業務にあてることができる。税理士事務所は新人教育を考え直す時期にきているのかもしれない。

✓ 人間によるサービスは高級化

竹橋くんの表現を借りれば「人間チック」な分野が生き残るカギとなる。これは関与先の社長と話すときのヒントにもなると思うんだ。

？

例えば、これから会社を興したい人と打合せをするとき、**将来その業界でAIに置き換わるタスクは何か？　現時点で置換え可能なタスクは何か？**　を頭において話ができれば、その会社はきっと伸びる会社になるよね。

えっと、例えば？

飲食店だったらネットで注文してキャッシュレス決済でスマートにやり取りできるようにすれば、その分人件費も削減できる。

安くておいしくて待たないお店、最高だなあ。

高級店の場合は、シェフやソムリエとの会話を楽しみにくるお客さんも多いわけだから、全部スマートにしちゃうわけにもいかないだろうけど。

ホテルでもこれは当てはまりそうですね。
高級ホテルでは人間の「おもてなし」が受けられる、みたいな。

安いお店はAIで、高いお店は人がサービスしてくれる、という流れですね。

少子高齢化で労働人口が減っていくわけで、人間のサービスを受けるというのは高級であり、付加価値となっていくのかもしれないね。

1-2　AIに影響を受ける分野・受けない分野

☑ 人間か？ 機械か？

とすると、人間の手を必要とする理容・美容室やマッサージ店なんかは、AI には置き換わらないですね。

美容室を出ると会計が自動で終わっているとかはありそうだけどね。あとはコンサルタントやカウンセラー。このあたりは感情が絡むから、まず代替は不可能だろうね。

クレーム処理なんかも感情労働といわれるくらいだから、これも AI には無理かな。

でも、クレーム処理はすでに AI が導入されているんだよ。オペレーターと顧客の会話内容を把握して AI がその内容に近いと思われる FAQ を表示してくるんだ。それを見ながらオペレーターは対応している。

そうだったんだ！　すごいな。

僕が注目しているのは調剤薬局。薬剤師になるには 6 年も薬学部で学ばなくてはならないけど、それにしても新薬や飲み合わせなど全て把握するのは難しい。そこで AI がビッグデータと照合して薬剤師にアラートを出せば格段にサービスの質が向上する。

安全性が高まりますね。

PTP シートの数をかぞえたり、散剤や水剤を調製したりする作業は、ロボットの方が正確。そうすれば人件費の削減も可能だし、安全性も高まるし、AI によっていい方向に影響を受ける業種かなと思っているんだ。

 なるほど。

AI を活用すれば業務を正確に迅速に行うことができる。仕事を取られてしまう、と恐れるのではなく、どう活用できるかを考えたいね。

 怖がるのではなく活用ですね。

✓ RPAも注目されてきている

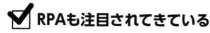

AI の他に今、税理士事務所が注目しだしているのは RPA だね。

 RPA ？

RPA、正式名称は Robotic Process Automation。

 また横文字💧

ソフトウエアのロボットによる業務の自動化だね。プログラマーや技術者がいなくても自分たちで業務の自動化が実現できるツールだよ。

 プログラマーがいらないってすごいですね。

そうなんだ。税理士事務所には自動化できそうな「作業」がたくさんある。新規顧客情報のシステム登録なんか、申告書の住所とか定型の必要事項を登録するんだから機械の方が正確。それをRPAで自動化して、人材難を乗り切ろうという税理士事務所も出てきている。

単純作業をやってもらえるんですね。私もエクセルで給与計算をしている会社のデータをRPAにシステム入力してもらえれば年末調整がかなり楽になるんですが。

関与先には一気通貫のシステムを使ってもらえるのが一番いいけれど、エクセルが便利だし、というところもある。そういうときはRPAを活用できるといいよね。

AIとRPAの違いは?

でも、AIとRPAの違いがよくわからないや。

そうね、どっちもコンピュータなのかしら。

RPAはパソコンの中で人間の代わりに作業をしてくれるソフトといった感じかな。RPAは事前に設定した通りに動くんだ。AIはコンピュータで、自己学習能力がある。ビッグデータから学習して、最適と思われる解を抽出してくる。

わかったような、わからないような。

AIは頭脳、RPAは決められたことをその通りにこなす手、とたとえるとわかりやすいかな。

この2つが組み合わさることはあるんですか？

今、出回っているRPAはRPA単体のものが多くて「簡易なRPA」と呼ばれる。2つが組み合わさったものは「高度なRPA」。Siriのような音声認識技術がそうだよ。

え、もう僕たちが使っている技術なんだ。

そうだよ。人の声を言葉としてAIが認識して、言葉をタイピングするのがRPA。

✅ AIやRPAの普及のカギは政府とシステム会社

ただ、RPAもAIも、普及はおそらく政府とシステム会社が握っているからどこまで普及するかは未知数だね。

政府とシステム会社？

日本の税制は複雑だし改変が多い。マイナーチェンジもしょっちゅうだよね。それにシステムが対応するには、どうしても作業の流れに新しい部分が入ってきてしまう。そうすると、RPAはワークフローを作り直さないといけなくなってしまうんだ。

なるほど。
システムの作りがRPAと相性が悪い可能性があるんですね。

そう。RPA導入を前提で会計・税務システムを構築するとか、もっと税制を簡素化するとか、システム会社や政府が重い腰を上げてくれないと爆発的な普及はまだ先になるんじゃないかな。

マイナーチェンジ対応に追われて費用対効果が良くないなんてことになったら本末転倒。

実は人件費の方が安かった、みたいな。

そうなんだ。だからちょっと様子見、という税理士事務所やシステム会社も多いんだよ。

☑ 今後一番大切になるもの、それはコミュニケーション能力

まとめると、これからの AI 時代に大切なのは、知識と、コンピュータを使いこなす能力と、AI に何が置き換わるかを予想する力と、コミュニケーション能力だね。

コミュニケーション能力かあ。僕、社長の前だと次に何を言おうって考えちゃって、うまく話せないんだよなあ。

私は、あまりにも年齢の離れた男性だと、何を話していいのかわからなくなってしまって。

まずは相手の話をよく聞くだけでもいいんだよ。人間は話を聞いてくれる人をいい人だと思うようになっているらしいから。

 （笑）

1-3　コミュニケーションのヒント

☑ 日本の歩みと年代の特色を知っておこう

コミュニケーションのヒントを教えておこうかな。
まずは、日本の経済の歩みと年代の違いをざっくりと。わかりやすいので講演家の鴨頭嘉人の講演をモチーフにしてみたよ。

> 昭和 20 年……終戦
> 昭和 29 年から昭和 45 年……高度経済成長期
> 昭和 61 年から平成 3 年……バブル景気

☑ 40 代以下……キーワード「承認」

昭和 55 年に生まれた 40 歳くらい、まだこのあたりの年代はふたりも近いから理解しやすいかな？　「承認」がキーワードになるだろうね。バブル崩壊後に社会に出て、バブルの派手な時代を知らない年代なんだ。

承認……？

「いいね！」だ（笑）

今までの価値観がゆらいだ世代で、バブルを知っている親との意識のズレも激しいし、社会全体が稼げなくなっているから仕方ないのに、親は金で測りたがる。たとえ浪費できるほど稼げなくても、社会の役に立っている、というところに自分の存在価値を置いている世代。

必要とされているとか、認められていると感じたい気持ちが強い世代ですね。

✅ 50代……バブルの申し子

昭和40年生まれあたり、この年代層は「バブルの申し子」。

バブルの申し子ってすごい表現（笑）

この世代は高度成長期に生まれて、バブル期に社会に出ている。バブル期に流行ったCMソングは「24時間戦えますか」なんてフレーズだったよ。

24時間!? 今は「働き方改革」ですよ。

あの頃はそういう時代だったんだよ。

前のバイト先で55歳くらいの上司がいたけど、お金の使い方が荒く感じたなあ。

海外旅行とか、ブランドとか大好きだよね。この年代の人は何かしら武勇伝を持っているから、聞いてあげると喜んでもらえるよ。

武勇伝（笑）

バブル崩壊からずいぶんと経ったけれど、いまだにこの年代は消費意欲旺盛。お金が好きだから、お得な話、投資話とか積極的な提案を好む傾向がある。

甲(株)の社長は週に1回は絶対ゴルフに行ってます。派手好きというか、正直苦手……。

ふたりの年代だと、消費が必ずしも良いことではないという意識があるだろうから理解しにくいかもしれないけれど、**彼らの価値観は消費できる経済力**なんだよ。

僕の父親、ちょっとその雰囲気あるなあ（苦笑）

✓ 70代以上……食

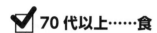

昭和20年が終戦の年。そのあたりの年代の人たちとのコミュニケーションは「食」がキーワードだね。

例えば、田中角栄元首相は「腹いっぱい食ってから。話はそれからだ」なんて言葉を口にしていたというし、ダイエーの創業者である中内功は腹いっぱいすきやきを食べられる日本にしたい、という思いからダイエーを興したといわれている。

食べ物に対しての意識が今と違うんだ。

戦前、戦後とまともに食事ができなかったからだろうね。餓死だって遠い外国の話じゃなくて、普通に身近にあった年代だから。**食べ物を出すというのは、あの年代の人にとって最上級のもてなし**なんだよ。

やだ、私、社長に出していただいたお菓子をダイエット中だからって断ってしまいました。

もし個包装のお菓子ならいただいて帰ってきてもいいかもね。食事に誘われたら、遠慮するんじゃなくて行ってみるといいよ。一緒に食事をすることでコミュニケーションが取れるようになるかもしれない。所長にあとでごちそうになったと報告するのを忘れずにね。

僕も、今度社長にランチ誘われたら行ってみよう。

ダイエットしてるって言っているのに、お菓子を何度も出してくるから嫌がらせかしらとすら感じていたんですけど、世代からくるものだったんですね……。社長は私を歓待してくださっていたのに。

それに気づいたなら、今度からは自分の許容範囲内でいいから、ちょっと対応を変えてごらん。今よりも話しやすくなるかもしれないよ。

あと、甲（株）社長の武勇伝も聞いてあげなきゃ（笑）

頑張ります。

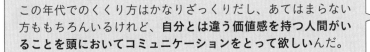

この年代でのくくり方はかなりざっくりだし、あてはまらない方ももちろんいるけれど、**自分とは違う価値感を持つ人間がいることを頭においてコミュニケーションをとって欲しい**んだ。

☑ 社長がすぐに提案を受け入れるとは限らない

今後、社長と付き合っていくなかで、生命保険や税制の適用といったいろんな提案をすることがあると思うんだ。それが、たいてい受け入れられないことが多い。

この前、生命保険をおすすめして断られたばかりですよ。

こちらとしては社長に必要だと思ってすすめているけれど、それを初回で受け入れられる人はそうはいないよ。一回提案して断られても、社長に必要なら、もう一回トライしてみる。

しつこいって嫌がられませんか？

たいてい、トラブルになるのは「聞いてない」ってところから。税理士事務所から何も聞いてないけれど、他から聞いたとなる方が気まずい。

そうですね。

何度もいわれているうちに、社長も必要性に気づいて提案を受け入れるかもしれないし、他の人からも話を聞いてその気になるかもしれないし。

確かにそうかもしれませんが……。

社長に必要だから提案しているんだもの。自分が強く出られないときって、自分の点数とか、ちょっと後ろめたいことがあることが多いかもね。

紹介手数料を考えちゃうこともありますよね（笑）

本当に怒らせてしまっては問題だけど、心配しているよ、社長には必要なんだよと伝えることは大切。それでもこちらの心配していたことが実現してしまったら、それは社長のせいだから。

確かに（笑）

僕、ちょっと小競り合いがあった社長もいるけど、今とても仲がいいよ。

え、先輩が小競り合いですか。

こっちが本気で会社のことを考えているんだとわかってもらえたときからは、とてもいい関係を築けているよ。所長には怒られたけどね。

先輩って熱血税理士だったんだ

私もクールなタイプだと思っていたので、ちょっとびっくりです。

第2章

トラブル発生! パニックの社長を支えるのは税理士事務所だ

2-1　有事の対応順序は？

☑ トラブル発生時はまず安否確認を

令和元年は台風、令和2年は新型コロナウイルスがはやって事業継続の危機に陥るお客様もいらしたり……。

有事が平時になりつつあるというか……。二人には持続化給付金や雇用調整助成金とか、対応してもらって助かってるよ。

こういう災害発生時は税理士事務所としては何から手を付けたらいいですか？

まず、地震や水害の時は関与先の安否確認だね。電話でもSNSを使ってもなんでもいい。ともかく関与先の被害状況を把握するんだ。

被害というと建物とか？

まず人の安否確認。もし、病院に運ばれたのなら病院名を確認して所長に報告。その次に財産に対して被害がなかったかどうかを確認する。それからヒト・モノに保険が下りるか確認する。

2–2　ともかく手許のキャッシュを確保！

☑ 共済を活用しよう

令和2年4月の緊急事態宣言のときは、借入れや助成金、給付金などいろんな情報が五月雨式に出てきて、何から手を付けていいのかわからなくて。

トラブルのとき、一番頼りになるのは何といっても手許のキャッシュ。売上が0の場合でも固定費はかかるから、手許のキャッシュで何か月分の固定費を賄えるかを確認する。

次に売掛金・買掛金の入出金時期、金額を確認して、売掛金の額の大きいところから回収をかける。それでも支払いの目途がつかなそうであれば借入れの手続き。助成金や給付金の請求は最後だね。

借りるより、助成金とかもらえるものの方がよくないですか？

助成金や給付金は必ずもらえるとは限らないでしょ。けれど緊急融資なら借りられるものもある。日頃の準備が大切だけどね。

日頃の準備って何ですか？

経営セーフティ共済と小規模企業共済。どちらも加入して掛金を払っておくと、一時貸付を受けることができるんだ。

✅ 経営セーフティ共済「一時貸付制度」

経営セーフティ共済の正式名称は「中小企業倒産防止共済」。経営セーフティ共済には「一時貸付」制度があって解約手当金の95%を上限として借入れできる。これは2週間もあれば口座に振り込んでもらえるよ。

入金が早いのは社長も喜びますね。

一時貸付の場合の返済期間は？

1年。

短いな🐝

でも、その後の**資金繰りが厳しい場合には返済せず解約もできる**。非常事態に備えて加入をしておくべきオススメの商品だよ。本来の役割とは違うけど。

✅ 経営セーフティ共済の本来の役割

経営セーフティ共済の本来の役割は何ですか？

本来の役割は「連鎖倒産」のリスクに備えるための共済だけど、要件が厳しくてあまり使われていない。夜逃げの場合は使えない。法的整理が申し立てられた場合や手形が不渡りになった場合とかじゃないとダメ。

夜逃げに使えないとは。夜逃げってありそうですけどね。

☑ 経営セーフティ共済の節税商品としての働き

節税商品としてはとてもいい働きをしてくれるよ。年に 240 万円まで掛金を積むことができ、これが個人は必要経費になる。法人も全額損金になるよ。

240 万円も？

すごいよね。今期は利益が出過ぎてしまう、という場合、この経営セーフティ共済に掛金を積んでしまえばいいわけ。

単位：万円

セーフティ未加入		セーフティ加入
1,000	売上	1,000
300	仕入	300
700	利益	700
0	セーフティ共済	240
700	所得	460
175	税額（税率 25％）	115

でも、来期業績が良くなかったら？

掛金を下げることができるよ。掛金は年間 6 万円から最高 240 万円。月払いと年払いが選べる。最終的には合計で 800 万円まで積み立てることができるんだ。

800 万円の上限に達したら？

それ以降の掛金積立はできなくなるよ。

積んでおいた掛金はどうなるんですか？

好きな時に解約すれば戻ってくる。40か月未満で解約すると元本割れになるから、ここはしっかり社長に伝えてトラブルにならないように。

✔ 経営セーフティ共済は「課税の繰延べ」

解約金は個人事業主なら全部雑収入として収入計上しなくてはならないし、法人だと益金扱いだから、解約するタイミングには気をつける必要があるよ。利益が出ていないときに合わせて解約するのがベターだね。

単位：万円

	未加入	未加入	未加入	未加入	
売上	1,000	1,000	1,000	1,000	
仕入	300	300	300	300	
利益	700	700	700	700	
セーフティ共済掛金(△)	0	0	0	0	
セーフティ共済解約(+)	0	0	0	0	
所得	700	700	700	700	
税額（税率25%）	175	175	175	175	700

	加入1期目	加入2期目	加入3期目	加入4期目/解約	
売上	1,000	1,000	1,000	1,000	
仕入	300	300	300	300	
利益	700	700	700	700	
セーフティ共済掛金(△)	240	240	240	80	
セーフティ共済解約(+)	0	0	0	800	
所得	460	460	460	1,420	
税額（税率25%）	115	115	115	355	700

節税というより、課税時期をずらしているだけですね。

そう、**実質は課税の繰延べ**なんだよね。だから、何も対策せずに解約すれば税金を取り返されてしまうけれど、業績の良いときに節税しながら積み立てして、業績悪化のときに解約すれば税金の負担も重くない。

そうか。
何か大きな支出のときに解約すればいいんじゃないかな。

でも、それが損金になるものならいいけれど。

そうだね、修繕費ならいいけど、設備投資で資産計上だと税金は取り返されてしまうものね。

経営セーフティ共済申告時の注意点

法人の場合は「特定の基金に対する負担金等の損金算入に関する明細書」と、「適用額明細書」を申告のときに添付するのを忘れないようにしないといけない。

個人の場合の注意点はありますか？

個人の場合は任意の用紙で、以下の様式例「中小企業倒産防止共済掛金の必要経費算入に関する明細書」を作成し、確定申告書に添付するよ。**個人は事業所得以外では必要経費にならない**から注意してね。

中小企業倒産防止共済掛金の必要経費算入に関する明細書

租税特別措置法第28条第1項第2号の規定に基づき、必要経費に算入する中小企業倒産防止共済契約に係る掛金は次のとおりです。

事　業　者　名

住　　　　所

基　金　に　係　る　法　人　名	独立行政法人中小企業基盤整備機構	
基　金　の　名　称	中小企業倒産防止共済事業	
当年に支出した掛金の額	①	円
同上のうち必要経費に算入した額	②	円

え、じゃあ不動産所得の場合、加入しても必要経費にならない？

そう、事業所得じゃないとダメなんだよ。

うっかり不動産所得のお客さんにオススメしないように気をつけなきゃ。

✓ 小規模企業共済の緊急経営安定貸付け

小規模企業共済は、経済環境の変化等により資金繰りが困難なときに掛金の範囲内（掛金納付月数により掛金の7〜9割）で、50万円以上1,000万円以内（5万円単位）で借入れをすることができる。

新型コロナで令和2年10月7日までは、2,000万円まで借入れできるように特例措置が取られているよ。

緊急経営安定貸付けの返済期間もセーフティ共済のように短いのですか？

借入金額によって借入期間を選べる。500万円以下は36か月。505万円以上の場合、60か月。コロナ特例措置では4年、6年とそれぞれ長くなっているよ。

小規模企業共済って、個人事業主や中小企業の役員が加入するんですよね。資金ショートをおこしているのが法人の場合は？

社長が共済から借りた資金を法人に貸し付ける形にすればいいよ。

あ、そうか。

これも、経営セーフティ共済と同じで、貸付けを受けて、返済せずに解約することが可能だよ。**解約した場合は一時所得だけど、今までの掛金は必要経費にならないから注意しないと。**

掛金が必要経費にならないなんて、社長に伝え忘れないようにしないとですね。

☑ 生命保険の契約者貸付制度

資金繰りが厳しくなると、生命保険を解約して月々の支出を抑えたくなるのが人情だよね。でも、これは最後の手段にしてほしい。社長が解約しようとしていたら絶対止めて。

どうしてですか？

万が一のときは保険しかないんだよ。金融機関がお金を貸してくれるのは、社長が元気で働いて、儲かって返済してくれるだろうと思うから。もし、社長に万が一のことがあって会社の存続の危機となったとき、金融機関が融資に二の足を踏むのは仕方ないよね。

 でも、社長が働けない間も賃料や仕入れ、従業員の給料は発生するわけで……。

そうなんだ。事業を継続するにはお金が必要。

 万が一のときは生命保険が頼りになるんですね。

契約者貸付制度がある保険会社もある。新型コロナの時は貸付利率０％の保険会社もあったから、いきなり解約ではなくキャッシュを調達する方法を社長に提案してみて。

2-3　金融機関からの融資を受ける

 日本政策金融公庫とは

経営セーフティ共済や小規模企業共済でとりあえず手許の
キャッシュを確保したら、トラブルの状況を見極めながら、今
後の経営計画に沿って金融機関からの借入れを考える。

 新型コロナの影響で、先輩の担当先は借入れのご相談が非常に
多いようですね。公庫ってよく耳にするんですけど…。

そうだね。お付き合いのある金融機関のある会社はそちらで、
となることが多いけど、創業間もなかったり、お付き合いして
いる金融機関がなかったりすると日本政策金融公庫にお世話に
なることが多い。

 そうそれ、公庫ってNHKのニュースでも見ました。
何だろうと思って。

 私も気になって、実はちょっとネットで見てみたんですけど、
わからなくて諦めました。

諦め早いな（苦笑）。日本政策金融公庫のホームページを見て、
まず面食らってしまうのが「国民生活事業」、「中小企業事業」、
「農林水産事業」と3つに分かれている点だろうね。

 そうなんです。
自分の関与先がどこに該当するのかわからなくて。

３つに分かれているのは前身機関である**「国民生活金融公庫」**、**「中小企業金融公庫」**、**「農林漁業金融公庫」**が統合した金融機関だから。沖縄県では、沖縄振興開発金融公庫が同様の事業を行っているよ。

統合前の機関がそのままある感じですね。

「国民生活事業」は零細企業や創業期の企業に対して、「中小企業事業」はそれより大きい規模の中小企業を事業対象としている。「農林水産事業」は読んで字のごとくだね。中小企業事業の融資対象はこんな感じ。

中小企業事業の融資対象

　融資の対象は、お客様の業種及び企業の規模（資本金・従業員数）により、以下のとおり定められています。規模については、資本金、従業員数のいずれかが該当すれば対象となります。

対象業種	対象規模
■ 製造業 *1、建設業、運輸業など	資本金 3 億円以下 または　従業員 300 人以下
■ 卸売業	資本金 1 億円以下 または　従業員 100 人以下
■ 小売業	資本金 5 千万円以下 または　従業員 50 人以下
■ サービス業 *2 （一部、対象とならない業種があります）	資本金 5 千万円以下 または　従業員 100 人以下

＊1　製造業のうち、ゴム製品製造業（自動車または航空機用タイヤ及びチューブ製造業、工業用ベルト製造業を除く）は、資本金 3 億円以下または従業員 900 人以下。

＊2　サービス業のうち、旅館業は、資本金 5 千万円以下または従業員 200 人以下、ソフトウエア業及び情報処理サービス業は、資本金 3 億円以下または従業員 300 人以下。

＊3　貸付対象は、上記の業種及び企業規模に該当する会社（監査法人、特許業務法人、弁護士法人、税理士法人、司法書士法人、土地家屋調査士法人、社会保険労務士法人及び行政書士法人を含む。）及び個人、ならびに中小企業等協同組合等となります。

（出典：日本政策金融公庫ホームページ）

僕の担当するお客様は中小企業事業の融資対象規模の以下も以下、もっと小さい規模ですよ。

 そうすると**国民生活事業が窓口**だね。国民生活と聞くと教育ローン？　とか思うかもしれないけれど、事業に対してもちゃんと対応してくれている。

 やっと理解できました。

 4月の緊急事態宣言のとき、公庫の方は本当に大変だったと思う。土日返上で毎日残業。罹患の危険性もある中で、中小企業のために必死で対応してくれたんだよ。

 ## 公庫は創業時や有事の強い味方

 公庫は政府が 100％ 出資している金融機関だから、民間の金融機関が敬遠しがちな創業融資などの融資もしてくれるよ。

 民間の金融機関は創業融資をしたがらないんですか？

 実績のない企業に融資をして、回収できないと困るからね。

 でも、それは公庫も同じでは？

 公庫なら最後は国が面倒みてくれる。市場原理だけに任せていたら融資してもらえない人が発生してしまうから、政府系の金融機関があるんだよ。

 なるほど。

あと、公庫は自然災害や経済環境の変化等による資金需要に機動的に対応してくれる。

新型コロナでは「新型コロナウイルス感染症特別貸付」がありますね。

他にもいろいろあって、それをうまくまとめてあるのが経済産業省が公表している資金繰り支援内容一覧表。これがわかりやすいよ。

36 ～ 37 ページの表は、令和 2 年 4 月 14 日時点のもの。状況に応じて刻々と内容が変化して、6 月にリニューアルされている。あとから出る方が条件が良かったりするから常に新しい情報が出ているかチェックしてね。

一番上のセーフティネット保証、これは 8 号まであるけど、新型コロナでは 4 号と 5 号が発動したね。

セーフティネット保証って何ですか？

中小企業信用保険法第 2 条第 5 項及び第 6 項に該当する、中小企業者の「債務の保証」をセーフティネット保証制度と呼んでいる。

中小企業信用保険法？

中小企業者の債務の保証？

融資を受けるときは、たいてい保証協会付き融資を受けているでしょ？

保証協会付き融資って何ですか？

そうか、融資についての説明が必要だね。

✓ 保証協会付き融資とは

創業間もない企業や零細企業は民間の金融機関から直接借入れ
をするには信用が足りないことが多い。その場合、保証協会に
保証料を支払って保証してもらうんだ。

保証をしてもらうとはどういうことですか？

家を借りるときに保証会社に保証料を払うじゃない？　あれと
同じだよ。家賃の場合、借主の家賃支払いが滞った場合、保証
会社が代位弁済してくれる。

ダイイベンサイ……、融資を受ける会社が保証協会に保証料を
支払えば、返済が滞った場合に保証協会が代わりに払ってくれ
る、ということですか？

そう。
もちろん、会社は保証協会に返済する義務が発生するけどね。

なんだ、やっぱり払わなきゃいけないんだ。

でも、会社が倒産したりして保証協会に払えないことも
ありませんか？

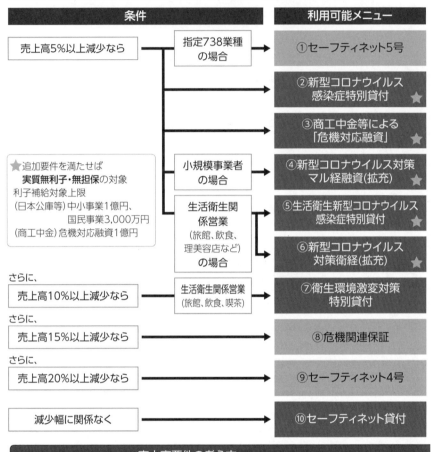

資金繰り支援内容一覧表（令和2年4月14日時点）

※この資料は資金繰り支援に関する信用保証制度・融資制度の一覧形式でまとめたものです。

条件		利用可能メニュー

- 売上高5%以上減少なら
  - 指定738業種の場合 → ①セーフティネット5号
  - → ②新型コロナウイルス感染症特別貸付 ★
  - → ③商工中金等による「危機対応融資」 ★
  - 小規模事業者の場合 → ④新型コロナウイルス対策マル経融資(拡充) ★
  - 生活衛生関係営業（旅館、飲食、理美容店など）の場合 → ⑤生活衛生新型コロナウイルス感染症特別貸付 ★
  - → ⑥新型コロナウイルス対策衛経(拡充) ★

★追加要件を満たせば **実質無利子・無担保**の対象
利子補給対象上限
（日本公庫等）中小事業1億円、
　　　　　　国民事業3,000万円
（商工中金）危機対応融資1億円

- さらに、売上高10%以上減少なら
  - 生活衛生関係営業（旅館、飲食、喫茶） → ⑦衛生環境激変対策特別貸付
- さらに、売上高15%以上減少なら → ⑧危機関連保証
- さらに、売上高20%以上減少なら → ⑨セーフティネット4号
- 減少幅に関係なく → ⑩セーフティネット貸付

売上高要件の考え方

<創業1年1か月以上>
【公庫 ■】最近1ヶ月の売上高と、前年または前々年の同期と比較。【信用保証協会 ■】最近

<創業1年1か月未満及び店舗・業容拡大しているベンチャー・スタートアップなど（後者は公庫の
(1)〜(3)のいずれかで比較。

【公庫】
(1) 最近1ヵ月の売上高と過去3ヵ月（最近1ヵ月を含む）の平均売上高の比較
(2) 最近1ヵ月の売上高と令和元年12月の売上高の比較
(3) 最近1ヵ月の売上高と令和元年10月から12月の平均売上高を比較

※この資料は、プロトスター株式会社が運営するStartupListに株式会社INQが寄稿した記事を参考にして

ご自身が使えそうなメニューが分かりましたら、詳しい情報を支援策パンフレットでご確認ください。

概要	相談窓口
・借入債務の80%を信用保証協会が保証 ・2.8億円（別枠。⑨と共有） ・要件を満たせば**保証料・金利**ゼロの対象	お近くの民間金融機関 各信用保証協会
・中小事業3億円、国民事業0.6億円（別枠） ・設備20年、運転15年、うち据置5年以内 ・国民事業の利下げ及び利子補給は②④⑤⑥と共有	日本政策金融公庫 （沖縄の事業者の方は沖縄公庫へ）
・3億円（別枠） ・設備20年、運転15年、うち据置5年以内	商工組合中央金庫等
・1000万円（別枠） ・設備10年(うち据置4年)、運転7年(うち据置3年)以内 ・国民事業の利下げ及び利子補給は②④⑤⑥と共有	日本政策金融公庫 （沖縄の事業者の方は沖縄公庫へ）
・6000万円（別枠） ・設備20年、運転15年、うち据置5年以内(運転資金は振興計画認定組合の組合員の方のみ) ・国民事業の利下げ及び利子補給は②④⑤⑥と共有	日本政策金融公庫 （沖縄の事業者の方は沖縄公庫へ）
・1000万円（別枠） ・設備10年(うち据置4年)、運転7年(うち据置3年)以内 ・国民事業の利下げ及び利子補給は②④⑤⑥と共有	日本政策金融公庫 （沖縄の事業者の方は沖縄公庫へ）
・1000万円（別枠） ・運転7年、うち据置2年以内	日本政策金融公庫 （沖縄の事業者の方は沖縄公庫へ）
・借入債務の100%を信用保証協会が保証 ・2.8億円（別枠） ・**保証料・金利**ゼロの対象	お近くの民間金融機関 各信用保証協会
・借入債務の100%を信用保証協会が保証 ・2.8億円（別枠。①と共有） ・**保証料・金利**ゼロの対象	お近くの民間金融機関 各信用保証協会
・中小事業7.2億円、国民事業0.48億円 ・設備15年、運転8年、うち据置3年以内	日本政策金融公庫 （沖縄の事業者の方は沖縄公庫へ）

1ヶ月の売上高と、前年同月を比較＋その後2ヶ月間(見込み)を含む3ヶ月の売上高と前年同期を比較

み)＞

【信用保証協会】
(1) 左記に同じ。
(2) 左記に加え、その後2ヶ月間(見込み)を含む3ヶ月の売上高と令和元年12月の売上高の3倍を比較
(3) 左記に加え、その後2ヶ月間(見込み)を含む3ヶ月の売上高と令和元年10～12月の3ヶ月を比較

作成しました。

（出典：経済産業省ホームページ）

保証協会は債務保証を行う都度、日本政策金融公庫と保険契約を結んでいる。返済してもらえない場合、保険事故となって公庫から保険金を受け取れるよ。

あ、なんだかつながった感じ。
だから中小企業信用保険法なのか。

中小企業信用保険法では、どんな場合にいくらまで公庫と信用保証協会が保険契約を締結できるかを定めていて、それが保証額の上限となってくる。まあ審査があるから上限までなんてそうそう借りられないけれどね。

プロパー融資とは

融資を受ける場合には必ず保証が必要ですか？

いや、プロパー融資ならいらないよ。

プロパー融資って何ですか？

保証協会の保証を付けずに直接金融機関との信用で融資を受けること。保証協会融資は限度額があるけど、プロパー融資ならそれを超えて借りることもできる。融資実行までに保証協会を通さない分、時間がかからないというメリットもあるよ。

じゃあ、プロパー融資の方がいいな。どうしたらプロパー融資を受けられるようになるんだろう？

金融機関とのお付き合いが深くなって、返済実績を積むなど信用が深まってくるとプロパー融資を受けられるようになるよ。

✔ セーフティネット保証とは

すでに信用保証協会の一般保証の限度額いっぱいに保証協会付きの融資を受けているところに新型コロナのような突発的な事象が発生して、資金繰りが厳しくなっても限度額いっぱいでもう借りられない、では困ってしまう。

そんなときのために**一般保証とは別枠で保証を受けられるのが
セーフティネット保証**。無担保保証が 8,000 万円、普通保証 2
億円が限度額。

さっきの、4 号と 5 号が発動した、というヤツですね。

最大で一般枠 2 億 8,000 万円とセーフティネットの特別枠 2 億
8,000 万円の保証を受けられるのか。

上限はそうだけど、
審査があるから融資額は会社によるけれどね。

中小企業信用保険法第 2 条第 5 項及び第 6 項は中小企業者を、
中小企業者の置かれている状況で分類している。

例えば、5 項 4 号は突発的災害（自然災害等）の発生で売上高
等が減少している中小企業者。5 項 5 号は業況の悪化している
業種に属する中小企業者。

その苦境に立たされている中小企業者へ別枠保証をすることを
セーフティネット保証制度と呼んでいる。

中小企業庁のホームページを見ると、新型コロナは4号で47都道府県全部が指定されましたけど、令和元年の台風第19号に伴う災害は一部の地域ですね。

 自然災害は日本全国同時に発生することはあまりないから、たいてい一部地域指定になるよ。4号、5号ともに事業所の所在地を管轄する市区町村の認定を受ける必要がある。

 認定を受ける必要があるのはちょっと手間だと思う社長もいそうだなあ。

 普段なら融資を受けられないところにも融資してくれる制度だから仕方ないかな。この認定を受けると認定を受けた市区町村から信用保証料の補助が出たり、利子補給が受けられたりすることもあるんだよ。

 それなら認定を受けないともったいないな。社長にメリットをちゃんと伝えないと。

 セーフティネット保証5号の指定業種ではなく、売上高20%以上減少という要件を満たしていなくて4号もダメな場合でも、売上高15%以上減少なら、⑧危機関連保証が利用可能。

 これも別枠で2億8,000万円まで借りることができる。市区町村で認定を受けることで保証協会に保証付き融資を申し込むことができるよ。

☑ 商工中金とは

③の商工組合中央金庫とは何ですか？

略して商工中金。これも日本政策金融公庫と同様に日本の政策金融機関だけど、政府と民間団体が共同出資している。

政府系金融機関が一般的に行う融資に加えて、手形割引などを通じた短期資金融資、国際為替業務なども行う点で、他の政府系金融機関との違いがあるんだ。

政府系金融機関って複数あるんですね。

全部で5つあるよ。公庫と沖縄振興開発金融公庫、国際協力銀行、日本政策投資銀行と商工中金。

☑ マル経融資とは

④マル経融資って何ですか？

マル経融資、正式名称は小規模事業者経営改善資金融資制度で、これは商工会議所等で経営指導（原則6か月以上）を受けた人に対し、無担保・無保証人で、日本政策金融公庫が融資を行う国の制度だよ。

経営指導6か月……借りるまでに時間がかかりますね。

経営指導のあとに商工会議所が審査して、公庫に推薦して、公庫が審査するから実質はもっとかかると考えた方がいい。

長いなー。

無担保、無保証だし利率が低いから、チャレンジする価値はあると思うよ。同一会議所の地区内で1年以上事業を行っていなくてはならないから創業時に使えないのは残念だけど。

2店舗目を出したいとか、計画的に次のステップを考えるときなんかにちょうどいいんじゃないかな。

生活衛生関係とは

⑤の生活衛生、というのは何ですか？

厚生労働省が所管する法律「生活衛生関係営業の運営の適正化及び振興に関する法律」で規定する飲食業、理・美容業、クリーニング業、ホテル・旅館業など18業種の営業のことだね。

これらの営業は、いずれも国民の生活に不可欠なサービスや商品を提供していて、公衆衛生の見地から国民の日常生活に密接に関係しているから、これらの営業の経営の健全化、衛生水準の維持向上が国民生活の安定に寄与するとして一般とは別に扱っているんだ。

コロナ貸付だと、②新型コロナウイルス感染症特別貸付の国民事業と同じ内容になっていますね。

コロナのとき、最初は違ったけれど同じになったね。普段は生活衛生貸付の一般貸付は融資限度額が 7,200 万円～ 4 億 8,000 万円で、ほとんどの業種が使える一般貸付の限度額は 4,800 万円。

生活衛生貸付の方が限度額が大きい。設備投資が大きくなる業態だからね。

でも、公庫の貸付制度はいろいろあってわかりにくいですね。

今は日本政策金融公庫だけど、昔は環境衛生金融公庫という公庫があって、この環境衛生金融公庫が生活衛生業への**設備資金**の貸付けをしていたんだよ。生活衛生業への**運転資金**は国民金融公庫が行っていたんだ。

これらが統合して国民生活金融公庫となって、平成 20 年に日本政策金融公庫となった。統合する前の流れを知ると理解しやすい。借りる方としては窓口が同じ方がいいよね。

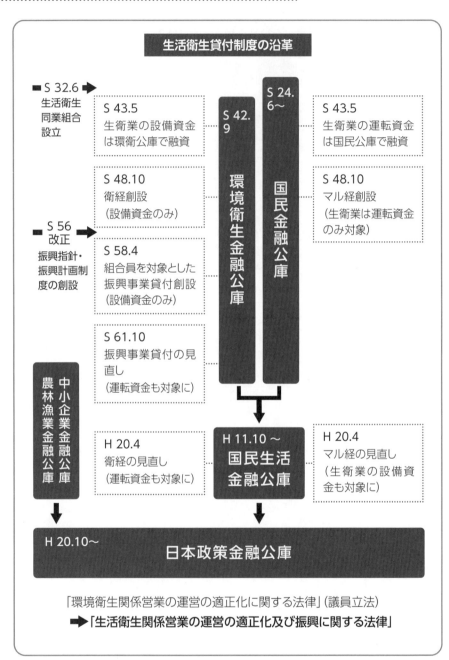

（出典：日本政策金融公庫「生活衛生貸付制度の現状について」）

公庫ってもともとはこんなに分かれていたのか。

別の金融機関のままの方がわかりやすかったかも……。

大先輩の税理士の中には、公庫のことを今も国金さん、て呼ぶ人もいるよ。

でも、これで公庫が少しわかったので、次は借入れのご相談を受けても社長と少しは話せそうです。

☑ 衛経とは

⑥の新型コロナウイルス対策衛経とは？

衛経というのが、正式名称は「生活衛生関係営業経営改善資金特別貸付」。

これまた長いな

これはマル経の生活衛生版と考えればいいよ。衛経は生活衛生関係の事業を営む小規模事業者であって生活衛生同業組合等の長の推薦を受けた人が受けられる融資で無担保、無保証。

コロナ貸付でも④と⑥は業種以外同じですね。

この、マルってなにか意味があるんですか？

……たぶん、ないと思う。査察部を「マルサ」というのと同じじゃないかな。他にも消費税のことを「マルケシ」なんて国税OBの税理士は言ったりするときがあるね。

☑️ 緊急時の借入れ。いくら必要？

いざ借入れを申し込むときに、いくら借りたいのか、ってどうやって出すんだろう？

売上げが下がった状態がどのくらい続くのかを会社の業種も考慮して予測するんだ。

でも、それを予測するって、
当たるも八卦当たらぬも八卦に近いような💧

そうなんだよね。でも、4月の緊急事態宣言で日本経済があまりにも疲弊してしまったのを体験したから、長期間の自粛は厳しいことをみんな肌で感じたと思う。

それを前提に、今後またこのようなことがあった場合、3か月から6か月の間、売上げが減少した場合のシミュレーションをして、いくら借りたいかを考えるのがいいと思う。

なるほど。

借入れの申込書なんてさほど難しいことはないんだ。公庫の新型コロナウイルス感染症特別貸付の場合、申込時の提出書類はネットで入手できて、記入例までアップしてくれている。難しいのは予測だよね。

私、こういうの、これで正しいのかしらって不安になってしまって、いつまでも考えてしまいそう……。

言ってしまうと、あくまで予測。ある程度わりきって考えていいよ。正確性よりもスピード重視で。

ざっくり、売上げが通常運転時の何割減少したか、もっと落ちそうか。それが3か月続くか6か月続くかを考えて、それに原価率をかけて原価を出す。固定費はそのままとして損益予測を立てて、それに既存借入や長期未払金のキャッシュアウト分を考慮して資金繰りを考えれば十分だよ。

資金繰り表は、今回申し込む借入れを込みで作成することを忘れないでね。

毎月ちゃんと業績を管理していない会社は大変かも

本当に、毎月の地道な帳簿付けが有事に威力を発揮するのね。

〈参考〉

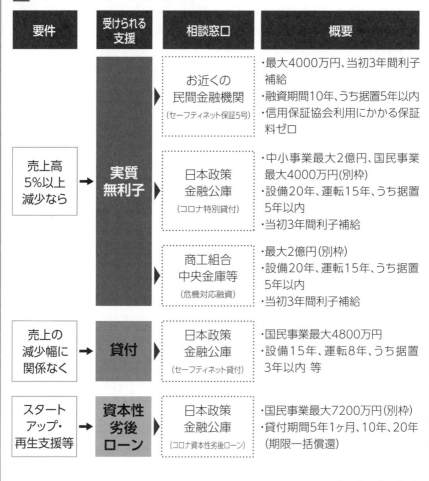

資金繰り支援内容一覧表（令和２年６月15日時点）

※見やすさの観点から簡略化していますので、
　詳しい情報は支援策パンフレットでご確認ください。

1 個人事業主向け（小規模に限る）

要件	受けられる支援	相談窓口	概要
売上高5%以上減少なら	実質無利子	お近くの民間金融機関（セーフティネット保証5号）	・最大4000万円、当初3年間利子補給 ・融資期間10年、うち据置5年以内 ・信用保証協会利用にかかる保証料ゼロ
		日本政策金融公庫（コロナ特別貸付）	・中小事業最大2億円、国民事業最大4000万円（別枠） ・設備20年、運転15年、うち据置5年以内 ・当初3年間利子補給
		商工組合中央金庫等（危機対応融資）	・最大2億円（別枠） ・設備20年、運転15年、うち据置5年以内 ・当初3年間利子補給
売上の減少幅に関係なく	貸付	日本政策金融公庫（セーフティネット貸付）	・国民事業最大4800万円 ・設備15年、運転8年、うち据置3年以内 等
スタートアップ・再生支援等	資本性劣後ローン	日本政策金融公庫（コロナ資本性劣後ローン）	・国民事業最大7200万円（別枠） ・貸付期間5年1ヶ月、10年、20年（期限一括償還）

（次ページへ続く）

2 小・中規模企業者向け（1 以外）

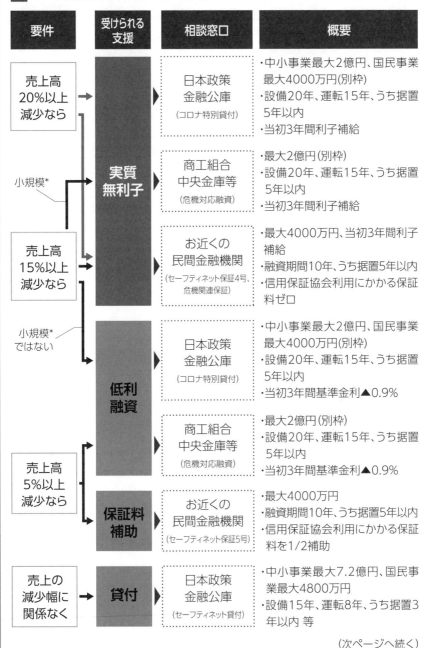

要件	受けられる支援	相談窓口	概要
売上高20%以上減少なら	実質無利子	日本政策金融公庫（コロナ特別貸付）	・中小事業最大2億円、国民事業最大4000万円（別枠） ・設備20年、運転15年、うち据置5年以内 ・当初3年間利子補給
小規模*		商工組合中央金庫等（危機対応融資）	・最大2億円（別枠） ・設備20年、運転15年、うち据置5年以内 ・当初3年間利子補給
売上高15%以上減少なら		お近くの民間金融機関（セーフティネット保証4号、危機関連保証）	・最大4000万円、当初3年間利子補給 ・融資期間10年、うち据置5年以内 ・信用保証協会利用にかかる保証料ゼロ
小規模*ではない	低利融資	日本政策金融公庫（コロナ特別貸付）	・中小事業最大2億円、国民事業最大4000万円（別枠） ・設備20年、運転15年、うち据置5年以内 ・当初3年間基準金利▲0.9%
		商工組合中央金庫等（危機対応融資）	・最大2億円（別枠） ・設備20年、運転15年、うち据置5年以内 ・当初3年間基準金利▲0.9%
売上高5%以上減少なら	保証料補助	お近くの民間金融機関（セーフティネット保証5号）	・最大4000万円 ・融資期間10年、うち据置5年以内 ・信用保証協会利用にかかる保証料を1/2補助
売上の減少幅に関係なく	貸付	日本政策金融公庫（セーフティネット貸付）	・中小事業最大7.2億円、国民事業最大4800万円 ・設備15年、運転8年、うち据置3年以内 等

（次ページへ続く）

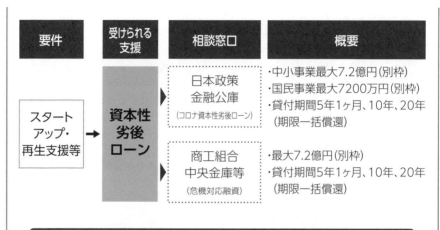

要件	受けられる支援	相談窓口	概要
スタートアップ・再生支援等	資本性劣後ローン	日本政策金融公庫（コロナ資本性劣後ローン）	・中小事業最大7.2億円（別枠） ・国民事業最大7200万円（別枠） ・貸付期間5年1ヶ月、10年、20年（期限一括償還）
		商工組合中央金庫等（危機対応融資）	・最大7.2億円（別枠） ・貸付期間5年1ヶ月、10年、20年（期限一括償還）

企業の分類の考え方

	小規模（※）	中規模
個人事業主	1	2
法人	2	

（中規模列: 2）

＜※小規模の要件＞
製造業、建設業、運輸業、その他業種
　→従業員20名以下

卸売業、小売業、サービス業
　→従業員5名以下

売上高要件の考え方（注）

＜創業1年1か月以上＞
　最近1ヵ月※の売上高と、前年または前々年の同期と比較

＜創業1年1か月未満及び店舗・業容拡大しているスタートアップなど＞
　以下のいずれかで比較※ 業歴3ヵ月以上に限る
・最近1ヵ月の売上高と過去3ヵ月（最近1ヵ月を含む）の平均売上高の比較
・最近1ヵ月の売上高と令和元年12月の売上高の比較
・最近1ヵ月の売上高と令和元年10月から12月の平均売上高を比較

※この資料は、プロトスター株式会社が運営するStartupListに株式会社INQが寄稿した記事を参考にして作成しました。

（出典：経済産業省ホームページ）

2-4 融資を受けられる体質にしておく

☑ 社会保険労務士との連携も大事

キャッシュを確保する手はずが整ったら、次は助成金や給付金で、受給できるものがあるかをチェックする。

本当は借入れと同時並行でできればいいけれど、融資対応で税理士事務所がそこまで余裕がないこともある。社会保険労務士に依頼することも視野に入れながら動く方がいいね。

でも、社労士さんに顧問依頼していない会社って多いですよ。

そうなんだよね。助成金の申請だけ依頼をしようとしても社労士さんも自分の顧問先優先だろうし。月次のお付き合いはなくても、就業規則の作成とか、新規雇用時の社保の手続きとかを同じ社労士さんにお願いしてつながっておくことも大事だなと今回思ったよ。

ある程度の規模の会社には社労士さんの顧問契約をお勧めしてみようかしら。

それもアリだよね。

社労士さんに入ってもらって人事労務面のサポートを受けておくことは、労使関係に非常にプラスになるよ。今後伸びそうな会社には特に、優秀な人材をつなぎとめておくためにも大事だね。

新型コロナでは、助成金や給付金がいろいろでてきましたね。国だけではなく都や県のものもありますし。

助成金や給付金は五月雨式に出てきたし、これについて関与先から問い合わせが非常に多い。自分の担当先に使えそうなものがあるかどうかを把握する必要があるから、一通り目を通しておかないと。

助成金のパンフレットとかって、読んでも難しくてわかりにくくて。

いきなりパンフレットに飛びつくのではなくて、社会保険労務士のYouTubeとか、ブログとかのわかりやすい解説が出回るから、まずそれを見てからパンフレットをみると理解が早い。

なるほど。先に解説を読んでしまうんですね。

 省庁の Twitter をフォローしよう

非常事態のときは、さっきの資金操り支援内容一覧表のように次から次へと新しい情報が出て、頻繁に更新されるから定期的に関係省庁のホームページをパトロールをしないといけない。

ひええ大変！

新型コロナでは確定申告期限が延長になって、そのあと法人税、消費税も延長が認められることになって、そのうちに「国税における新型コロナウイルス感染症拡大防止への対応と申告や納税などの当面の税務上の取扱いに関するFAQ」が公表された。

このFAQは令和2年4月13日、16日に追加更新されて、関連法案が国会を通過したことで30日にも追加更新があった。

そんなに追加更新があったんですね。

4月30日の追加更新は夜中だったよ。Twitterで国税庁がFAQを更新しました、ってつぶやいたのが22時13分。

うわあ、お役所も大変だなあ。

国税庁ってTwitterなんてやってるんですか?

他にも厚生労働省とか、中小企業庁とかいろんな省庁がやっているから、新しい情報をいち早く取得したいならTwitterでフォローしておくといいよ。あとはFacebookもオススメ。

Facebookですか?

新しい情報をFacebookでupする税理士がいると、自然とそれを他の税理士みんなでシェアするんだ。システム会社の社長まで参戦して、4月の緊急事態宣言のときはみんなで一丸となって中小企業支援に取り組んでいたんだ。人的ネットワークは宝だよ。

 ## 融資を受けられる体質にしておく

本当は、有事のときも融資を受けずに乗り越えられるくらいのキャッシュがあればいいけど、難しいこともある。日頃から融資を受けられるように社長にアドバイスしたいところだね。

といいますと？

赤字、債務超過を避ける。

債務超過って、上場会社だと上場廃止だったような。

会社がつぶれたら銀行は返済してもらえなくなるから、債務超過は困りますよね。

でも、債務超過で中小企業はつぶれない。社長が会社にお金を貸せば問題なく回っていく。中小企業がつぶれるのは債務超過じゃなくて資金ショート。

？

極端な話、売上が1円もなくたって現預金が潤沢にあれば会社はつぶれない。資金ショートを起こして事務所の家賃や人件費、買掛金を支払えなくなると、現実的に営業ができなくなってつぶれることになる。

じゃあ、債務超過でも貸してもらえる？

貸してもらえる場合もあるよ。社長個人の財産を担保に入れるとかね。でも、通常は**債務超過を銀行は喜ばない**。

債務超過は事業がうまくいっていない状態ですものね。

借入れをしやすくするには他にもあるよ。

・税金や社会保険料、公共料金の滞納はしない。
・交際費を使いすぎない。
・役員報酬を高額にはしない。
・役員貸付をしない。
・関連会社がある場合は、資金の貸し借りはなるべく控える。
・不動産担保があるからと安心しない。

税金を滞納していたら信用がなくなりますよね。

交際費の使い過ぎや高すぎる役員報酬もダメ、そりゃそうですよね。せっかく貸したお金を社長の個人的なことに使われたら返してもらえるのか不安になるけど、交際費の使い過ぎって社長にいいにくいな💧

「貸してもらえる会社にしましょう」って、交際費だけじゃなくて他の点と一緒にお伝えするといいんじゃないかな。

確かに、無駄遣いといわれたら社長もイラっとするかもしれないけど、融資を受けられる体質にするため、って目的があるならわかってくれるかも。

どうして役員貸付がよくないんですか？

会社から社長がお金を借りるのは金融機関には印象が悪いんだよ。関連会社への貸付金も同じ。社長個人や関連会社に資金が流れては、資金使途通りに使って業績を上げて返済してもらう銀行の計画が崩れてしまう。

社長や関連会社に貸付けがあるとそうやって
連想されちゃうのか。

不動産担保があるのに安心しちゃダメなんですか？

景気が悪くなって担保価値が下がることもあるし、担保価値満額まで貸してもらえるとは限らないからね。

☑ 担保とは？

担保って何ですか？　いまいちわからなくて。

「担保」は、お金を借りた人が返せない時に備えて、弁済を確保する手段。質屋さんにお金を借りる時に時計を預けたとしよう。「時計を質に入れる」と表現するね。お金を返さなかったら時計は取られてしまう。担保はこの時計のことだよ。

ああ、なるほど。

でも、金融機関からお金を借りるときに時計を担保に入れることなんかないよね、たいていは土地や建物。「不動産を抵当に入れる」なんて表現をする。

「質」と「抵当」って違うんですか？

質は担保の目的物を債権者に渡してしまうから、担保の目的物を使えなくなる。**抵当はアパートが担保の目的物だけど、債務者はアパートを使用し続けることができる。**

抵当は担保物を使っていていいんですね。

✓ 抵当権と根抵当権の違い

ついでにこれも説明しておこう。抵当権は一度完済したら消滅するから、完済時に抵当権抹消登記をして、また借りたいときは新たに抵当権設定登記が必要となるけれど、根抵当権は完済しても消滅しないから、また借りたくなったときに再度登記費用や手続きが必要ないんだ。

上を刈り取っても根があればまた生えてくる。
だから根抵当権というんですね。

そう。根抵当権は「極度額」という金融機関から借りられるお金の上限を決めておいて、その上限内であれば登記不要で、何度でも借りたり返したりできる。

なるほど。

抵当権と同じで担保とされたモノを使い続けることができる上、極度額以内であれば再度登記の必要はないし、根抵当権は便利なんだよ。

確かにそうですね。

抵当権を設定するときは登記するから登記代もかかるけど、根抵当なら一回で済むから、根抵当権を設定していることもあるよ。

モノとか不動産の担保を物的担保と呼ぶけど、
人的担保もあるよ。

え、人質ですか💦

 いやいや、身柄拘束はないよ。
人的担保には連帯保証人と保証人、連帯債務の3種類がある。

✅ 連帯保証人とは

 連帯保証人は、極度額を返済する義務があるんだ。債務者に請求しろとか、他の保証人と分割にして、ということも主張できない。極度額の範囲で、債務者と同じ立場となる。

 極度額？　さっきも出てきたな。

 極度額ときたら上限、とか限度と考えて。ここでは連帯保証人が保証しなければならない債務の限度額だよ。民法の改正で、令和2年4月から連帯保証人が個人の場合、極度額を定めることになったんだ。

 昔はなかったんですか？

 そうだよ。だから債務者が夜逃げしたら連帯保証人は全額を被ることになっていたんだ。

 保証人とは

保証人は金融機関が返済を請求してきたときに、まずは債務者に請求しろと主張できるし、債務者が返済できる資力があるなら債務者の財産を強制執行しろと主張できる。保証人が複数人の場合なら、人数で割った金額のみを返済すればいい。

連帯債務とは

連帯債務は、複数の債務者で同一の債務を引き受けること。よくあるパターンは、住宅ローン。夫婦で借りればその夫婦は連帯債務者になる。

 連帯保証人、保証人、連帯債務で一番理不尽に感じるのは連帯保証人だなあ。

だから、絶対に連帯保証人にはなるな、って家訓にしている家とかもあるよね。

 家訓ですか

社長は付き合いが広くて、連帯保証人を頼まれることもある。返ってこなくてもいい金額におさえた方がいいとアドバイスすることが社長を守ることにつながるよ。

ファイナンシャルプランナーの知識は
税理士事務所で重宝する

ファイナンシャルプランナーは、ライフプランニングと資金計画、リスク管理、金融資産運用、タックスプランニング、不動産、相続・事業承継の6分野からなる試験ですが、これらの知識は税理士事務所スタッフにとって役立つものばかりです。今回の抵当権なども勉強することができます。資産家のお客様を担当している人はぜひ勉強してみると良いでしょう。

第3章

創業も借入れも節税も
夢実現のサポーター、
それは税理士事務所

3-1　計画を立ててみよう

☑ 飲食店をオープンしたい

今日の午後は、この前お電話いただいた新規に飲食店をオープンしたいという方がいらっしゃるね。同席する？

お願いします！

これから、こういう相談が増えると思うよ。

どうしてですか？

大きな災害のあととか、自分の人生を考え直す人が多いんだよね。東日本大震災のあともそうだった。このまま人生終わっていいんだろうか、って。自分のやりたいことをやろうと考える人が出てくるんだよ。

そうなんですね。

40 代になるとその気持ち、わかるようになるよ。

ちょっとまだ遠いな（笑）

40 代って人生の折り返し地点だから、いろいろ考えてしまうんだよ。と冗談はここまでにして。「飲食店をオープンしたい」、言うは易く行うは難し。

✓ 個別相談カルテ

創業者を支える側として、中小機構が公表している「支援者のための創業サポートブック」を読んでおく方がいい。これに沿って創業希望者と面談していくと、あとあとスムーズ。

個別相談カルテ

個 別 相 談 カ ル テ
(フェースシート)

(様式1)

最新記入日：　　　H○年○月○日

◆相談者の概要

相談者概要	相談者氏名	
	相談のきっかけ	
	相談者のやりたいこと	
	相談者の略歴	
	相談者の思い	
	「やりたいこと」と「略歴」の関連性	
	その他、特記事項	

◆相談者の情報

年齢		資産等	
家族構成		負債等	
過去の事業経験		取得資格	
趣味特技		健康状態	

◆創業のステージ、相談者のタイプ

創業のステージ		相談者タイプ	

（出典：中小機構「支援者のための創業サポートブック」）

個別相談カルテは、先にお渡しして面談前に書いてきてもらうといいかもね。

「やりたいこと」を聞くのはわかりますけど、家族構成もヒアリングするんですね。

個人事業主は事業にどれだけ協力者がいるかが大事だからね。最初はスタッフを見つけることすら苦労したりするから。

小規模事業で、ましてこれからスタート、ですものね。

創業には家族の協力が必要。たとえ、手を貸してもらえなくても理解が必要。理解にとどめたほうがいい気もするけれど。

？

事業がうまくいかなくても家族が他で働いていればなんとか食べていけるから。

確かにそうですね。

飲食店だと、みんな奥さんをホールに入れて、あとはバイト、パートさんみたいな感じでいうけど、僕にいわせると突っ込みどころ満載なんだよなあ。

どうしてですか？

まずね、「奥さん」。これ、一番こわいんだよ。

いや、飲食店ってそういうものじゃないですか？

だって奥さんだもん、そのうち子ども産んだら？

 あ……戦力を失います。

そうなんだよ。代わりの人を雇ったとして、奥さんと同じだけ
の時間働いてもらうとしたら、結構な金額を出さなきゃいけな
くなる。だから、奥さんに働いてもらうとしても、きちんと他
人を雇ったのと同じレベルの給料を払っておく必要がある。

 女性には付きまとう問題ですよね……。

そもそも本当に奥さんが事業を手伝いたいと思っているのか？
という点もあるし。夫婦の意思疎通がどこまでできているか。
女性問題はまだあるんだ。ご家庭のあるパートさんは、ディナー
タイムの仕事をするのは難しい。

 そうなんですか？

だって、子どもやご主人が帰ってくるまでに掃除、洗濯、買い物、
ごはんの用意。夕方からの方が女性は忙しいんだよ。

 先輩、詳しいですね。

僕も、そこらへん理解していなくてずいぶん妻に叱られたからね。

 （笑）

✔ 自己資金と信用情報は必ず確認

あと、個別相談カルテにある「資産等」と「負債等」は必ず聞く。自己資金や信用情報に問題があることが判明したなら、創業自体に待ったをかけて、創業スケジュールを考え直さなくてはいけないから。

信用情報？

創業する場合、たいてい借入れをすることになるけれど、過去にクレジットカードの返済遅延や踏倒しをしていたり、税金の未納や滞納、携帯電話や公共料金、家賃支払いの遅延、複数の金融機関からの借入れがあるといった場合、融資を受けられないことがある。

携帯電話料金の支払いでも？

そうなんだよ。借入れが無理なら自己資金の積増しや知人、親類への借入れを検討する必要がある。スケジュールがかなり狂うおそれがあるから、先走って今の仕事を辞めてしまったりしたら大変。

✔ 計画は月単位で考えよう

いきなり年単位で考え出すとわけがわからなくなるから月単位をベースに考える。それを年単位に直せばいいからね。

なるほど。

どんな規模でやるのか？ さっきの例だと、自分がオーナーシェフで奥さんをホールに入れて、あとはバイト、パートさん。

僕の担当先っぽいな（笑）

数字の話をしようか。個人で始める飲食店だったらまあ20席くらいだね。都内だと15坪から20坪の広さで、坪単価2万円程度かな？ 郊外だともう少し余裕があって、広さは20坪超で、坪単価は都内の6掛けから7掛けくらいで考えてもいいかな。

4人で回せる規模といったらそのくらいですかね。

20席あるお店だと、賃料としては20万円後半から30万円前半あたりがみんな探している金額帯みたいだね。

賃料って高いなー。

ランチの客単価は1,000円としようか。ランチは頑張って2回転。ディナーの客単価は5,000円くらい？ こちらは1回転かな。毎日満席は難しいので、席稼働率は80％に。月の営業は25日として。

ランチ	ディナー
1,000円×20席×2回転 ＝40,000円 40,000円×25日＝100万円	5,000円×20席×1回転 ＝100,000円 100,000円×25日＝250万円

月の売上
100万円＋250万円＝350万円
350万円×80％＝280万円／月

この席稼働率は、新型コロナの影響で、本当はもう少し低くみておいた方がいいという意見もあるけれど。

ソーシャルディスタンスを保たないといけないですもんね。

保ちながらも、なるべく客数を増やせる内装も考えられているから、とりあえず今日はこのままで考えようかな。内装はオシャレ感だけじゃなくて感染症対策も考慮することが必須だね。そうしないと固定費回収もままならないお店になってしまう。

最近、隣の席との間に衝立があることが増えましたね。

この前、全席カウンターのパスタ屋さんを見たよ。

どこのお店もいろいろ工夫しているよね。

☑ 経営指標をチェック

席稼働率が下がるなら単価はよく考える必要があるね。原価は業界でいわれている 30％で、84 万円としておこう。公庫の資料だともう少し高いみたいだけどね……。

公庫の資料？

公庫のホームページに「小企業の経営指標調査」がある。これに業種別の指標が掲載されているから参考になるんだ。

あと、うちは TKC のシステムを使っているから TKC 経営指標（BAST）という全国 24 万社からなる経営分析値を見ることができる。

TKC のデータは、地域別や黒字、赤字企業などに分かれていて面白いですね。

自分の担当先のところは見ておくといいよ。社長も他社の状況って興味あるから雑談の小ネタにもなる。自社と他社を比較すると無駄が見えたりして新たな発見があるから。

さて、支出は？　賃料はさっき考えたから、あとは何がある？

広告宣伝費やおしぼりなどの消耗品、光熱費あたりですか？

そうだね。ざっくり売上の 20％くらいかな、それが 56 万円。

あとは内装費？

そうだね。スケルトンでおしゃれにすると 2,500 万円くらいはかかるかなあ。

スケルトン？

内装のない状態のことだよ。反対に、前の経営者が店舗の造作物をそのまま残していった物件を「居抜き」というんだ。

スケルトンは自分好みの店舗にできますけど、お金がかかりますね。

自己資金を 1,000 万円用意できたとして、借入れを 1,500 万円して、5 年で返済として金利は 2 ％かな？　元利均等返済で月々 26 万 3,000 円くらい。27 万円。

ここまでで売上 280 万円－原価 84 万円－賃料 30 万円－返済 27 万円－その他 56 万円＝ 83 万円です。

さて、人件費。飲食店は立ちっぱなしの重労働。1 日 1 万円として 25 日営業だからひとり月 25 万円としようか。

ホールと調理補助の 2 人 ×25 万円＝ 50 万円。

パートさんは、ランチの時間と仕込みを手伝ってもらうとして、半額の 12 万円。

売上	280 万円
原価	△ 84 万円
賃料	△ 30 万円
返済	△ 27 万円
その他	△ 56 万円
人件費	△ 62 万円
手残り	**21 万円**

……とここまでで手残りは 21 万円。21 万円？？？

手残りはもっと減るんだよ。このほかに国民健康保険税や所得税、住民税を払わなきゃいけないし。原価率があと 5% 高かったら手残りは 7 万円。

えぇ？　もしかしてサラリーマンやってる方が楽？

もちろん、借入返済年数を伸ばす、内装を凝らないでおく、客単価の見直しなど、これをたたき台にして考えていくわけだけど、飲食店がぽこぽこできて、いつの間にか閉店する理由がわかってもらえたんじゃないかな。

すっごいよくわかりました！

ショーゲキ！！！

3-2 借入れはどうすればいいの？ 公庫編

☑ 自己資金はどのくらいある？

創業で借入れをするなら、日本政策金融公庫の国民生活事業に申込みがメジャーな方法だね。

創業のような民間金融機関が扱いにくい融資でも対応してもらえるんでしたよね。

いくら国がバックにあるからといって、どんなケースでも貸してくれるわけではないよ。条件として、現在勤めている企業と同じ業種の事業を始める場合とか、自己資金があるか、というところを見られるよ。

自己資金？　自分の貯金？

そうだよ。自己資金はとても大切な要素。創業するために資金をコツコツと準備するのは大変だもの。それだけ強い意志と情熱がある、ってことだからね。

修業時代に、ある程度貯金しとかないとダメなのか。いくらくらい準備すればいいんだろう？

公庫だと、自己資金の2倍くらいまでは貸してくれる、とみていいかな。

けっこう少ないなあ。頑張って貯金しておかないと。

さらに、貯めた自己資金を全部事業に突っ込んでしまったら事業が軌道に乗るまでの生活費に困ることになるから、それも確保しないとね。

大事ですね、それ。

繰り返しになるけれど、過去にクレジットカードの返済遅延や踏倒しをしていたり、税金の未納や滞納、携帯電話料金や公共料金、家賃支払いの遅延、複数の金融機関からの借入れがあるといった場合、融資申込みにはマイナス要素になる。

融資が受けられないとスケジュールが狂う。創業のために会社を辞めてしまったなどという場合、生活できなくなってしまう。生活通帳を見せてもらって自己資金の確認と滞りなく支払をしているかも確認したいね。

お金の管理がしっかりできる人じゃないとダメですね。

 創業計画書

自己資金と同じくらい大切なのが「創業計画書」。

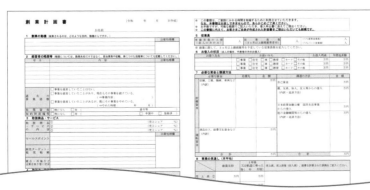

公庫としては、今まで経営の実績のない人が、将来貸したお金を返してくれるのかを見極めなくてはならない。創業への熱意があるか、業種経験はどのくらいか、根拠をもって現実的な計画を立てられているか。

これを書くのは大変だなあ。
でも、ちょっと個別相談カルテに似ている？

個別相談カルテを深堀りしている感じだね。カルテを書いていればちょっと楽なんじゃないかな。書いてもらうときには、公庫のホームページにある「創業の手引」を参考にしてもらうといいね。

どこが大切、とかはありますか？

どれも大切なポイントだけど、この中で特に大切な項目は、２経営者の略歴等と７必要な資金と調達方法、８事業の見通しあたりだろうね。

略歴なんて必要なんですか？

創業は過去のデータが何もない。
そうすると経営者の人となりに賭ける部分もあるからね。

 運転資金

運転資金と設備資金って何ですか？

借入れには運転資金と設備資金がある。掛け売上げの会社を思い浮かべてほしいんだけど、売掛金の入金が2か月後で、この売上げに対応する仕入れの支払いは1か月後の場合。

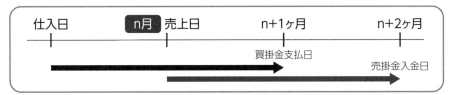

入金前に支払いがくるんじゃ資金繰りが大変ですね。

こんな資金需要を運転資金と呼ぶよ。業績が伸びているときなんか顕著になるよね。需要に対応するためには先に仕入れが膨らむから。それは増加運転資金。この他にも、季節運転資金、スポット運転資金なんかがある。

季節運転資金？

例えば、アイスを販売している会社だとすると、夏場の売上げを上げるためには仕入れが必要。その資金需要だね。スポット運転資金は通常は行わないイベント参加費用とか。

☑ 設備資金

設備資金は？

土地や建物、機械など設備を購入するときの資金だね。設備計画を立てて、事業計画や資金繰り表を作って、この設備投資で上げた利益で返済できるから貸してほしい、と融資申込みをする。運転資金の借入れのときは、ここまでじゃないんだけど。

手間がかかりますね。

まあ仕方ないよ。設備資金は多額になるし、借入年数も長くなる。ちゃんと返してくれるか金融機関の不安度も大きいから。

じゃあ、運転資金で借りてしまえば？

確かに運転資金ならそこまでうるさく言われない。でも、運転資金の返済期間は設備資金よりも短くて、毎月の返済額が大きくなるから資金繰りが厳しくなりやすい。

敷金・礼金・保証金・更新料問題

設備資金で気をつけたいのはお店を借りるときに発生する敷金、保証金と礼金を計画に入れ忘れないようにすること。どれも多額になるからね。

更新料を忘れていて払えないなんてこともあるから、普段から積立てを促したり、更新料の時期はこちらも注意してリマインドしてあげないと。

礼金、更新料は返ってこない税法上の繰延資産ですよね（前著参照）。敷金と保証金はどちらも返ってくるものなのに名前が違う？

保証金は、もともとは西日本での商慣習らしいんだけど、関東でも普通に見かけるよ。敷金とほぼ同様だけれど、償却が定められていることが多いね。

償却って何ですか？

大家さんの収入になるんだよ。賃貸契約を解約するときに返ってこない。店子にとっては税法上の繰延資産。

 敷金、保証金って、原状回復費用を差し引かれたら全額返ってくると思ってた。

居住用は返ってくるけれど、事業用で借りると違うことがあるから注意してほしい。契約書をきっちり読んで処理をしないとね。保証金はたいてい 20% くらいが償却となるよ。

返ってくると思ってアテにしていて、トラブルになることもあるから注意してあげないとね。

 保証金って、いくらくらいになるんですか？

物件にもよるけれど、賃料の 10 か月分が相場かな。今は 6 か月分も見かけるようになったね。

 うわあ、高いな

そうなんだよ。
でも、高額にならざるを得ない理由がちゃんとあるんだ。

家賃滞納に始まり、夜逃げが発生することがある。償却 20% というのはその分の賃料分の先取りともいわれているよ。

夜逃げの場合、オーナーがあとかたづけをするわけだけど、原状回復費用は坪 5 万円から 10 万円になることもある。次の入居者を見つけるまでに何か月か賃料の空白が生じるし。

それは大変だ。

大家さんもリスクを背負っているんですね。

だから、保証金の金額は大きくなってしまうんだよね。

3-3 　手許資金と借入れのバランスを考える

☑ 借入れは時間を買っている

でもお金を借りるって、返せなかったらと思うと怖いですよね。利息だって発生しますし……。なるべく自己資金を貯めて、それでまかなった方がいいんでしょうか？

借入れをすることは、
ある意味「時間を買う」ということでもあるんだ。

時間を買う？

ある程度の技術と資金が準備できたなら、あとは借入れして事業を開始する。人間には寿命があるから、必要な資金が全額貯まるまで待っていたらお迎えがきちゃうかもしれないよ。

それはやだな。

企業買収なんかで、技術を持っている会社を買ってシナジー効果を狙ってとか、たまにニュースになるけれど、あれも自社で開発する時間を節約している。時間を買っているんだ。

借入れは悪いことではないんですね。

もちろん、返せないリスクはあるけれど、借りたくないから事業ができない、事業を大きくできないというのは違うと思うんだ。手許資金がまったくないのも不安になるし。

手許資金は何か月必要？

 手許資金の目安ってありますか？

業種にもよるけれど、手許資金はザックリ月商3か月分が目安か
なあ。緊急時に備えるという意味合いでは、売上げがないなら仕
入れもないからと粗利の3〜6か月分なんて見立てもあるね。

 月商3か月ですか！ 私の担当のお客様だと1か月分ないお客
様もいらっしゃいます……。

新型コロナのときのようにいきなり売上げがまったく入らなく
なった場合でも、固定費をまかなって、緊急融資で一息つくま
で生き延びるにはそのくらい必要だと思うよ。

 確かにそうですね。

まず月商1か月を目指して。1か月に満たない場合、売上げが
入ってこないと支払いができないということだから。

 いますね、そういう社長。売上げが入るのが遅れたら首が回ら
なくなっちゃうっていつも言ってる。

取引先だって、いつ何があるかわからないんだから、ある程度、
資金は用意しておいた方がいいんだけどなあ。

 そうすると、なるべく手許資金は残しておきたいですね。創業融
資の場合、公庫なら自己資金の2倍まで貸してもらえるという話
でしたけど、創業ではない場合は、どのくらいが目安ですか？

僕が今まで仕事をしてきての感覚だけど、運転資金なら融資残高が月商の3か月以内ならまだ借りられるかな。まあでも、金融機関の審査次第だよね。

え、でも、保証協会が保証してくれるなら貸してくれるんじゃないんですか？

☑ 保証協会付き融資といえども

保証協会付き融資の申込方法は2パターンあってね。

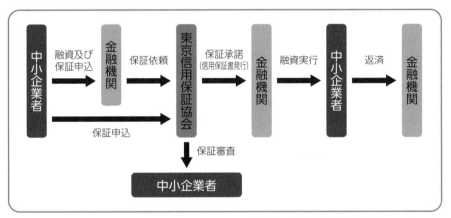

（出典：東京信用保証協会ホームページ）

金融機関に融資を申し込んで、金融機関から保証協会への申込手続を行う方法と保証協会に直接申し込んで、保証協会から金融機関をあっせんしてもらう方法があるけど、どちらのパターンであっても保証協会と金融機関の審査があるんだよ。

えー、保証協会がついても金融機関の審査が必要なんだ。

金融機関の仕事

そりゃそうだよ。融資した資金を回収するのは金融機関。返済能力があるかを一番重視する。

１億円を10年で金利２％として、60回返済したところで回収不能になったら金融機関は270万円くらいの金利しか受け取っていないのに、5,200万円以上の損失になる。

 それは怖い

 金融機関って恐ろしい仕事をしているのかも……。

ね、審査があるのも、審査に時間がかかるのも仕方ないんだ。保証協会付き融資は審査が協会と金融機関の２回だからプロパー融資より時間がかかる。運転資金を借りるのは設備資金より審査の時間はかからないけれど、なるべく早めに動くに越したことはない。

返済原資は償却前利益に税金を考慮

借入れを返済する原資は償却前利益（前著参照）。設備投資してその分の減価償却を超えて稼いだ利益には税金がかかるから、これに税金も考慮しなくちゃいけない。

単位：万円					

設備投資（全額借入、5年返済、耐用年数10年）　1,000万円					
自己資金なし、償却前利益＝借入返済額の場合					
利益	100	100	100	100	100
減価償却費	100	100	100	100	100
償却前利益	200	200	200	200	200
税金25%	25	25	25	25	25
税引き後償却前利益	175	175	175	175	175
借入返済額	200	200	200	200	200
キャッシュ	−25	−25	−25	−25	−25

キャッシュが足りない！

そうでした。
納税分も考えて売上げを伸ばして利益を出さないと。

単位：万円					

自己資金なし、償却前利益＞借入返済額の場合					
利益	133	133	133	133	133
減価償却費	100	100	100	100	100
償却前利益	233	233	233	233	233
税金25%	33	33	33	33	33
税引き後償却前利益	200	200	200	200	200
借入返済額	200	200	200	200	200
キャッシュ	0	0	0	0	0

利益が133万円に増えれば税金もカバーできますね。

減価償却費と返済額が一致していれば問題ないですよね。耐用
年数と返済期間を同じ長さに設定すれば利益が0でもいけるの
では？

単位：万円

設備投資（全額借入、10年返済、耐用年数10年）　1,000万円									
利益0、減価償却費＝借入返済額の場合									
利益	0	0	0	0	0	0	0	0	0	0
減価償却費	100	100	100	100	100	100	100	100	100	100
償却前利益	100	100	100	100	100	100	100	100	100	100
税金25%	0	0	0	0	0	0	0	0	0	0
税引き後償却前利益	100	100	100	100	100	100	100	100	100	100
借入返済額	100	100	100	100	100	100	100	100	100	100
キャッシュ	0	0	0	0	0	0	0	0	0	0

理論上はその通りだけど、設備資金といえども、耐用年数まで貸してくれないことが多いんだよ。

う、そうなんだ。

こんなとき、一部自己資金を使って耐用年数まで借りたのと同じくらいの年間返済額に持っていけたらいいよね。償却費と借入返済が同じなら、利益が出ていなくてもキャッシュは回るわけだから。

単位：万円

設備投資（500万円借入、5年返済、耐用年数10年）　1,000万円					
自己資金500万円、利益0、償却前利益＝借入返済額の場合					
利益	0	0	0	0	0
減価償却費	100	100	100	100	100
償却前利益	100	100	100	100	100
税金25%	0	0	0	0	0
税引き後償却前利益	100	100	100	100	100
借入返済額	100	100	100	100	100
キャッシュ	0	0	0	0	0

なるほど。

設備投資を考えるときは、会社が成長期のことが多い。成長期は売上げが入ってくるから借入れしなくてもいいかなと思ってしまう。

でも、ずっと成長を続けられるわけではなく、そのうち安定期に入る。売上げの伸びが止まって前年割れしたときに資金繰りが厳しくなってしまうこともあるんだ。

常日頃から手元資金を潤沢にしておくのは大切ですね。

金融機関の考えていること

金融機関は成長期の会社に融資をして、その会社が成長することを通して地域貢献をして、しっかり元本と利息を回収したいと思っているんだ。大変な会社を助けることが金融機関の第一命題ではないんだよ。

借入れは資金繰りや事業が大変なときのためのものかと思っていたけれど、金融機関は違う理由で貸し出していたのか。

いいときに貸したがって大変なときに引き上げる、と金融機関への不満を口にする人もいるけれど、彼らの収益構造を考えれば、ある意味当たり前なんだよね。

金融機関はいらないときに営業にくるなんて社長がぼやいていましたけど、そんなときこそ手元資金でなんとかしてしまうのではなくて、借入れの検討をすべきなんですね。

業績がいいときに、先々のことをシミュレーションして、資金繰りがきつくなる前に考えておけるのがベストだよね。それが難しいんだけど……。

まずは個人でスタート

☑ 個人でも節税方法はある

これから事業を始める人が必ず質問してくるのが、「法人にした方がいいのか」なんだけど、急いては事を仕損じる。まずは個人からのスタートをオススメするよ。

あら、でも、節税するなら法人成りなんてよく言いますよね？

それは事業が軌道に乗って、所得税が高くなってきたら、の話。先走って法人成りしても設立費用とかが無駄になってしまうケースもある。でも、最初から法人の方が良いといわれる業種もあるよ。

それ、建設業ですよね？　個人事業主とは取引しない会社も多い業界らしいです。行政書士の友達が言ってました。

行政書士は建設業許可申請とかで建設業の会社と絡むよね。建設業は個人事業主で始めて建設業許可を取得して、のちに法人化したとき、許可を引き継げないから再取得する必要がある。

確かに再取得はもったいないなあ。

あとは輸出入業。外国の企業は個人事業主だと登記がないから信用できないみたいで。

海の向こうですものね。

そういう理由を除けば個人スタートがオススメ。法人を作るにも費用がかかる。せっかく作ってもうまくいかなかったらもったいないし、個人だって節税方法がないわけじゃない。

 所得分散で節税

所得税は累進課税。所得額が上がるほど税率が高くなる。家族に給料を払って税率を下げれば、一家の収入としては変わらなくても所得税負担は下がる。

所得分散の事例

単位：万円

		配偶者が扶養の場合 ①	配偶者に給与を支払う場合 ②
	事業収入	1,500	1,500
	経費	700	700
	家族への給与	0	300
	事業所得	800	500
事業主の税額	合計所得金額	800	500
	基礎控除	48	48
	配偶者控除	38	0
	課税所得金額	714	452
	所得税率	23%	20%
	税額	100.62	47.65

配偶者の税額	給与収入	0	300
	給与所得控除		98
	合計所得金額		202
	基礎控除		48
	課税所得金額		154
	所得税率		5%
	税額	0	7.7
一家の所得税額		100.62	55.35

①は配偶者が扶養のパターン、②は配偶者へ300万円給与を支払った場合。

一家の所得税額で比べると、ずいぶん税負担が軽くなりますね。

配偶者の給料とした部分には給与所得控除があるからね。
給与所得控除と所得税率が下がることで税額が下がる。

所得分散はお得ですね。

〈参考〉

所得税の速算表

課税される所得金額	税率	控除額
195万円以下	5%	0円
195万円を超え 330万円以下	10%	97,500円
330万円を超え 695万円以下	20%	427,500円
695万円を超え 900万円以下	23%	636,000円
900万円を超え 1,800万円以下	33%	1,536,000円
1,800万円を超え 4,000万円以下	40%	2,796,000円
4,000万円超	45%	4,796,000円

給与所得控除（令和2年分以降）	
給与等の収入金額 （給与所得の源泉徴収票の支払金額）	給与所得控除額
1,800,000円以下	収入金額×40％－100,000円 550,000円に満たない場合には、 550,000円
1,800,000円超 3,600,000円以下	収入金額×30％＋80,000円
3,600,000円超 6,600,000円以下	収入金額×20％＋440,000円
6,600,000円超 8,500,000円以下	収入金額×10％＋1,100,000円
8,500,000円超	1,950,000円（上限）

☑️ 専従者に退職金を支払って節税

個人の節税で代表格は**3共済**だね。

3共済というと、**「小規模企業共済」**（前著参照）、**「経営セーフティ共済」**（2章参照）はわかるけれど、あとひとつは何ですか？

「中小企業退職金共済」だよ。略して「中退共」。中小企業の従業員の退職金を準備するためのもので、事業主が毎月掛金を負担するんだ。それが従業員の退職時に退職金として支払われる。この掛金は個人なら必要経費、法人なら損金となる。

従業員への退職金じゃあ、事業主本人の経費は確かに増えますけど、手残りも減ってしまいますよね？

奥さんとか、家族に事業を手伝ってもらって給料を支払っている場合に、その専従者のための退職金共済に加入して退職金の準備をするんだ。所得分散になるでしょ。

なるほど。これも所得分散になりますね。

ついでに、退職金は分離課税で1/2課税だから、専従者にとっても給与としてもらうよりも税負担は少なくて済む。

一粒で二度おいしいですね！

お金が手元に入るのは退職するときだけどね

青専の退職金は必ず共済加入が必要

従業員の退職金は、この共済に入らなくたって支払うことはできる。でも、専従者への退職金を支払いたいなら必ずこの制度に入って掛金を必要経費とすることが必要だよ。入らないと必要経費にならない。贈与になってしまう。

え？　給料は払っていいのに退職金は払えないんですか？

所得税法では、本当は生計が一の家族への給料を認めていないけれど、青色申告の場合「青色事業専従者給与に関する届出書」を出せば支払った給与が必要経費になるよね。**必要経費になるのは給与で、退職金ではない。**

？

青色事業専従者「給与」でしょ？　給与所得だよね。退職金は退職所得だから所得の種類が違ってしまう。だから青色事業専従者には退職金を払っても必要経費とはならないんだ。

説明を聞けばそうかと思うけど、自分じゃ気づかないな🍃

まず、書いてある言葉通りに読むことを心掛けて。

✅ 中小企業退職金共済と小規模企業共済の違い

中小企業退職金共済は従業員の退職金ですけど、
小規模企業共済も退職金でしたよね？

あれは経営者が自分で積み立てる退職金。必要経費にはならず
に所得控除。こっちは従業員の退職金だよ。

小規模企業共済は専従者も加入できましたよね？

そうだね。
小規模企業共済は専従者を経営者とみなしているんだ。

だから「共同経営者」か。

専従者は自分で掛金を払う小規模企業共済か、事業主が掛金を
支払う中退共か、どちらかにしか加入できないから選ぶ必要が
あるね。

中退共って専従者じゃない従業員も加入できるんですか？

そうだよ。むしろそっちのために作られた制度で、専従者も加
入できるようになったんだ。ただし、特定の人だけの加入はで
きなくて、従業員は全員加入させなきゃいけない。

全員加入なんですね。

中退共は事業主が毎月掛金を負担し、従業員の退職時に退職金として支払われる。掛金は事業主の必要経費になるよ。掛金は、一人に対して 5,000 円から最大 3 万円まで、1,000 円刻み（1 万円からは 2,000 円刻み）で掛けることができる。

奥さんの老後資金として金融機関に貯金するくらいなら中退共に掛金払ったほうがお得ですね。

そうなるよね。年間 36 万円も必要経費を増やせる。必要経費が増えるということは合計所得金額が減るから国民健康保険税も下がるよ。

保険税も下がるなんていいですね。

中退共は奥さんを加入させると他の従業員も加入させる義務があるから、専従者以外の従業員に退職金を支払うつもりがない場合は、小規模企業共済のほうがいいかな。奥さん自身が掛金を払うことになるけどね。

ここは、きちんと社長の意思を確認しないとですね。

中退共に加入するときに、すでに働いていた従業員は、加入後に入社した従業員と比べて退職金の額が不利になりませんか？

そこは手当されているんだ。初めて中退共制度に加入する事業主に限るけれど、従業員の過去勤務期間に応じた退職金も支給できるように、加入前の勤務期間分についても掛金を納付することができる通算制度があるよ。

事業主が中退共をやめることはできますか？

事業主からの退職金共済契約の解除は、従業員の同意が得られたときか、掛金納付の継続が困難であると厚生労働大臣が認めたときに限りできることになっているんだ。

厚生労働大臣、なんか大げさだなあ。

退職金というのは雇用契約を締結するにあたっても重要なポイントになるよね。それが入社してなくなってしまったでは、従業員はだまされたようなものだから。そう簡単には事業主理由の解約はできないようになっているよ。

3-5　65万円控除が55万円控除になる?

 電子申告で減税

青色申告の個人事業主の人は、複式簿記で帳簿をつけて、貸借対照表を決算書に添付すると、所得から65万円控除していい、という決まりがあるじゃない?

これが平成30年度（2018年）の税制改正で、令和2年分（2020年分）から青色申告特別控除が65万円から、55万円に引き下げられることになったんだ。

 10万円も減ってしまうんですね。

でも、電子帳簿保存か電子申告を行う、という条件を満たせば変わらず65万円控除が受けられるよ。

 じゃあ、今までと変わらないんだ。

ところが、平成30年度（2018年）の税制改正で、令和2年分（2020年分）から合計所得金額が2,400万円以下の人の場合、基礎控除が38万円から48万円に10万円アップすることになった。

 電子帳簿保存や電子申告をしなくてもプラマイゼロなんだ。

 電子帳簿保存や電子申告をすれば、合計所得金額は前に比べて10万円下がるから減税ですね。

気をつけなきゃいけないのが、給与所得のある個人事業主はそうはならないんだ。

令和 2 年分（2020 年分）からは給与所得控除が一律 10 万円引き下げられることになっていて、給与所得者は基礎控除が増えても給与所得控除が減ってプラスマイナスゼロ。

令和 2 年分からの控除の減少・増加

電子申告をすると

所得種類	給与所得控除	基礎控除	電子申告あり	
給与所得＋雑所得	65 万円→ 55 万円	38 万円→ 48 万円	青色申告特別控除対象外	現状維持
給与所得＋不動産所得	65 万円→ 55 万円	38 万円→ 48 万円	65 万円→ 65 万円	現状維持
給与所得＋事業所得	65 万円→ 55 万円	38 万円→ 48 万円	65 万円→ 65 万円	現状維持
雑所得	65 万円→ 55 万円	38 万円→ 48 万円	青色申告特別控除対象外	現状維持
事業所得	－	38 万円→ 48 万円	65 万円→ 65 万円	減税
不動産所得	－	38 万円→ 48 万円	65 万円→ 65 万円	減税

給与収入が 180 万円以下の場合、合計所得金額が 2,400 万円以下の場合

電子申告をしないと

所得種類	給与所得控除	基礎控除	電子申告なし	
給与所得＋雑所得	65万円→55万円	38万円→48万円	青色申告特別控除対象外	現状維持
給与所得＋不動産所得	65万円→55万円	38万円→48万円	65万円→55万円	増税
給与所得＋事業所得	65万円→55万円	38万円→48万円	65万円→55万円	増税
雑所得	65万円→55万円	38万円→48万円	青色申告特別控除対象外	現状維持
事業所得	－	38万円→48万円	65万円→55万円	現状維持
不動産所得	－	38万円→48万円	65万円→55万円	現状維持

給与収入が180万円以下の場合、合計所得金額が2,400万円以下の場合

給与所得と事業所得の場合、電子申告をしないと青色申告特別控除が55万円に減るから増税になるのか……。

あら、給与所得の人の副業は雑所得では？（前著参照）

基本的にはそうだけど、正社員ではない給与所得の人で、メインは事業所得で生計を立てている人は事業所得もあり得るから。

確かに給与所得がアルバイトのこともありますよね

あと創業する人で開業年度は給与所得と事業所得の両方がある場合もあるから、気をつけないとね。

電子帳簿保存、ってどうやって始めればいいですか？

電子帳簿保存を始めたい年の開始 3 か月前までに届出を出さないといけない。個人事業主の場合は来年から電子帳簿保存をしたいなら、9 月末までに届出を出す必要がある。

出した年は電子帳簿保存できないのか。さらに電子帳簿保存を始めたい年の 3 か月前までに届出を出すって……。

税理士に依頼している人は税理士がやってくれるだろうけど、税理士に依頼していない人は電子申告で 65 万円控除を受けた方がいいね。

納税者が自分で申告する場合、電子申告は簡単なんですか？

マイナンバーカードの取得や IC カードリーダライタの購入が必要だね。マイナンバーカードは、今はまだ無料で取得できるよ。IC カードリーダライタは購入する必要があるけれど、5,000 円もしない代物だから。

国は電子申告を推進してますけど、何かメリットはありますか？

自宅から申告ができることや、還付がスピーディ、添付資料の提出を省略できる、といったところだね。添付書類は出さなくていいけど 5 年間、自分で保存が必要だよ。

第4章

法人成り！
カッコよさ以外のメリットは？

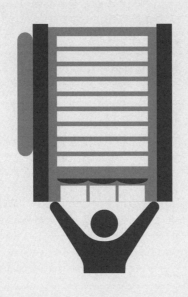

4−1　企業は社会の公器

法人成りの魅力ってなんだと思う？

えっと、節税かな？

他には？

法人って、なんかカッコよく思える……。

わかるわ、私もそう思う（笑）

法人成りのメリットって、何だろうね。持続化給付金は、個人は上限 100 万円で、法人は 200 万円だよね。

確かに。あの根拠は何だろう？

それこそイメージ？

関与先には個人事業主もたくさんあるし、なんでそんなに法人が優遇されるの？　と思うところもあるけれど、登記をし、利益をあげて納税し、雇用を生み出す「法人」というのは、松下幸之助の言葉にあるように「社会の公器」なんだろうね。

なるほど。カッコいいな。

僕たちはそんな公器を生み出そうとする未来の社長に対して、メリット、デメリットを説明できるようにならないとね。こんなシミュレーションをみてみようか。

---

① 事業収入 1,000 万円、事業経費 500 万円、利益 500 万円

・法人成りの場合、利益 500 万円を役員報酬に置き換え、法人の所得は 0 とする
・社長の税額と手残りを比較する

	事業所得	法人成り
収入	10,000,000	10,000,000
経費	5,000,000	5,000,000
事業所得（法人成りは給与所得）	5,000,000	5,000,000
給与所得控除	－	1,440,000
合計所得金額	5,000,000	3,560,000
基礎控除	480,000	480,000
課税所得金額	4,520,000	3,080,000
所得税	476,500	210,500
住民税（（合計所得金額－33万円）×10%）	467,000	323,000
手残り（事業所得－所得税－住民税）	4,056,500	4,466,500

差額：410,000

事業の利益が 500 万円の場合、法人成りすると 41 万円有利になるんだ。

41 万円も！ 法人成りいいじゃないですか。オススメですよ。

給与所得控除のインパクトは大きいよね。あと、事業所得の方は所得税率が 20% だけど、法人成りして給与所得になった方は 10%。税率が下がったことも大きいね。

これなら法人成りが有利というのもうなずけます。

法人は赤字でも住民税の均等割は発生するから無税というわけではないけれど、それを考えても法人が有利に見えるよね。

法人には社会保険加入の義務がある

①の表は社会保険を考慮していないんだ。法人は社会保険に加入する義務がある。社保加入を考えると②になるよ。

> **② 事業収入 1,000 万円、事業経費 500 万円、利益 500 万円**

・法人成りの場合、利益 500 万円を役員報酬と社保に置き換え、法人の所得は 0 とする
・社長の税額と手残りを比較する
・社保は会社負担＋個人負担 30% として計算、国保税はさいたま市シミュレーションより。1,000 円未満切捨て。国民年金は年間 198,480 円→ 198,000 円として計算

	事業所得	法人成り
収入	10,000,000	10,000,000
経費	5,000,000	5,000,000
社会保険料（会社負担）	―	653,000
事業所得／給与所得	5,000,000	4,347,000
給与所得控除	―	1,309,400
合計所得金額	5,000,000	3,037,600
基礎控除	480,000	480,000
社会保険料控除	789,000	653,000
課税所得金額	3,731,000	1,904,600
所得税	318,700	95,230

住民税（（合計所得金額ー社会保険料控除ー33万円）×10%）	388,100	205,460
手残り（事業所得ー社会保険料控除ー所得税ー住民税）	3,504,200	3,393,310

差額：110,890

あれ？　税負担は事業所得の方が大きいけど、手残りは法人成りした方が少ない？

事業経費にも社会保険料が入ってきていますね。

社会保険料は事業主と従業員で折半だからね。

社会保険料って高いな

③の事業の利益が1,000万円、売上げ2,000万円の場合のシミュレーションも見てごらん。

③ 事業収入 2,000 万円、事業経費 1,000 万円、利益 1,000 万円

・法人成りの場合、利益1,000万円を役員報酬と社保に置き換え、法人の所得は0とする
・社長の税額と手残りを比較する
・社保は会社負担＋個人負担30%として計算、国保税はさいたま市シミュレーションより。1,000円未満切捨て。国民年金は年間198,480円→198,000円として計算
・事業収入2,000万円のシミュレーションの社会保険料が給与15%ではないのは月額報酬63万5千円以上の場合、厚生年金保険料は増加しないため

	事業所得	法人成り
収入	20,000,000	20,000,000
経費	10,000,000	10,000,000
社会保険料（会社負担）	－	1,192,000
事業所得／給与所得	10,000,000	8,808,000
給与所得控除	－	1,950,000
合計所得金額	10,000,000	6,858,000
基礎控除	480,000	480,000
社会保険料控除	1,158,000	1,192,000
課税所得金額	8,362,000	5,186,000
所得税	1,287,260	609,700
住民税（（合計所得金額－社会保険料控除－33万円）×10%）	851,200	533,600
手残り（事業所得－社会保険料控除－所得税－住民税）	6,703,540	6,472,700

差額：230,840

> 節税の効果が社会保険料の支出でなくなってしまっていますね。

✓ 社会保険加入のメリット

> 手残りで考えると社保は負担が大きく感じるけれど、**厚生年金の受取額は国民年金よりも大きい**し、社会保険加入者に万が一のことがあった場合、配偶者は再婚しない限り**遺族年金**をもらえたり（子のない30歳未満の妻の場合5年の有期給付）もする。

> 一方で、国民年金加入者に万が一のことがあった場合、配偶者が受け取る遺族基礎年金は、子どもが18歳になった年の年度末に終了。

メリットはまだあるよ。健康保険の扶養認定だね。

扶養認定？

親が会社員で子どもが学生の場合、社保だと子どもは被扶養者として扱われて保険料は上がらない。でも、国保は扶養という考え方はなく、赤ちゃんから老人まで一律に納付しなきゃならない。

社会保険しかもらえない傷病手当金と出産手当金

加えて社会保険のメリットは**傷病手当金**と**出産手当金**だね。ケガや出産での休業中の所得保障があるけれど、国保はない。

傷病手当金と出産手当金って何ですか？

傷病手当金は、病気休業中に被保険者とその家族の生活を保障するために設けられた制度で、被保険者が病気やケガのために会社を休み、事業主から十分な報酬が受けられない場合に支給されるよ。

出産手当金は出産のために会社を休み、事業主から報酬を受けられなかった場合に支給される。

どちらも会社勤めをしている社保加入の人がもらえるんですね。

どうして国保加入者はもらえないのかしら？

社保と国保はそもそも創設理由が違うんだ。**社保は昭和2年に**一部の工場等の労働者を対象に創設された。**労働者の生活を安定させ、産業を発展させること**が目的だから、病気やケガの治療費だけでなく**出産による休業中の所得保障もある**んだ。

一方、国保は昭和13年に創設された。昭和初期の世界恐慌による生糸や繭の価格の暴落や冷害等による大凶作、さらに、不況により百数十万ともいわれた工場労働者など都市の失業者が大量に帰農したことにより、農村は貧困状態だった。

農村や漁村の多くは無医村の劣悪な衛生状態だったから、さらに状況が悪化していくという悪循環。それを解決すべく国保ができたんだよ。

創設理由が全く違うんですね。でも、農業をしている人だって病気やケガで休業した場合の所得保障は必要ですよね？

決まった賃金をもらう工場労働者と違って自営業である農業・漁業従事者の所得を把握することは困難。国保加入者には退職して年金を受給している人もいるし、組合員の誰に傷病手当金、出産手当金を出すのか、の管理も難しいんだよ。

創設当初からの組合加入者の特徴そのものがネックなんですね。

出産育児一時金は社保でも国保でももらえましたよね？

そうだね。出産は病気じゃないから本当は健康保険の対象外なんだ。出産自体の費用や、出産前後の健診費用等の経済的負担の軽減を図る目的で例外的に支給されるのが出産育児一時金。

個人事業主で国保加入だと傷病手当金や出産手当金はもらえないけれど、法人成りして社保ならもらえる。社保のメリットですね。

✓ 新型コロナウイルス感染症で傷病手当金がもらえる場合も

本当は、国保による傷病手当金の支給は条例を制定して任意給付が可能で、禁止されているわけではないんだ。

そうなんですね、なんでもらえないんだろう？

国保の財政事情が厳しいからだよ。

なるほど。

でも、今回の新型コロナウイルス感染症では、保険者が傷病手当金を支給する場合、国が特例的に特別調整交付金による支援を行うとされたんだ。国保加入者で給与所得者が新型コロナウイルス感染症で仕事ができなかった期間がある場合、住んでいる市区町村に問い合わせてみるといいよ。

✓ 社会保険を負担とみるか安心材料とみるか

何かあったときの安心感は社保の勝ちですね。

でも、手残りは減る……。

社会保険をどう見るか、というところでもあるけど、手残りで見ると、個人で営業している方が有利なこともある。法人成りして、お金がないっていう人も多いね。

会社からお金を借りるのも面倒ですしね。

そうだね。会社に利息を払う必要があるし。

え、そうなんだ。

会社のお金は社長のお金じゃないからね。お金の貸し借りには通常利息が発生する。社長に無利息で貸したら、本来払うべき利息の金額が給与になる。

定期同額給与からはずれてしまうし。

むむむ……。

個人のときと違って、
法人成りはお金が自由にならなくなりますね。

法人という別人格が事業主体となるからね。

✔ 法人成りのメリットは個人と法人の取扱いの差がどれだけあるか

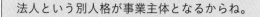

ここまでのシミュレーションは他の要素は全く考えていない。**法人成りのメリットは、個人と法人の取扱いの差をどれだけ探せるか**がカギなんだ。例えば、ゴルフ会員権。

個人がゴルフ会員権を購入して、接待ゴルフに利用していても一回一回の利用料を必要経費に入れるのが関の山。会員権を事業の資産としては計上できない。

え、そうなんですか！

国税庁のホームページの質疑応答事例に「個人事業者が所有する
ゴルフ会員権の譲渡」という項目があって、回答に**個人事業者
が保有している場合には生活用資産**に当たり、その譲渡は課税の
対象となりません」とある。根拠の通達の表現はこうなっているよ。

消費税法基本通達 5-1-1

（注）1　個人事業者が生活の用に供している資産を譲渡する場合の当該
　　　　譲渡は、「事業として」には該当しない。
　　　2　法人が行う資産の譲渡及び貸付け並びに役務の提供は、その全
　　　　てが、「事業として」に該当する。

個人の場合、ゴルフ会員権は生活用資産であって事業用資産で
はない。だから購入しても仕入税額控除はできない。でも、**法
人で購入すれば仕入税額控除はできるし、年会費のような維持
費や利用料だって交際費**。

同じものを購入したのに違うんですね。

絶対に法人成りして買うべきじゃないですか。

これはリゾート会員権も同じで、法人で購入して従業員も利用
できるよう規定を作れば年会費などの維持費は福利厚生費で
OK。

個人と法人の違いは売却時にもある。法人だとゴルフ会員権、
リゾート会員権の売却損は事業の利益と相殺できる。個人の場
合は、「生活に通常必要でない財産」だから総合譲渡所得なの
に譲渡損が出ても損益通算できないんだ。

それなら会員権は法人で所有したいですよね。
値下がりしても安心。

☑ やっぱりイメージもあるかも!?

個人事業主の植木屋さんが BMW やベンツを固定資産台帳に計上したいと言ったらどう感じる？

外車はダメなんじゃないかなあ。

植木の運搬用の車は事業に直接必要な経費だけど、外車は直接必要な経費かと聞かれたら、言い返せる自信がないです。

じゃあ、植木屋さんを営んでいる法人がベンツを買った場合は？

あれ？　なんか、いけそうな気がする。

私もそう感じるわ。だって大きな会社は、役員用に高そうな車を持っていて、運転手までついているもの。

大会社の役員の運転手付き高級車使用は、会社の運命を握る大事な判断を下す役員の安全を守るため、という大義名分だろうね。大企業の役員だと犯罪に巻き込まれる可能性もあるだろうし。

町の植木屋さんが身代金目的の誘拐事件に遭遇するリスクか……。

法人は利潤を追求するために存在しているのだから、支出した費用は基本的に経費となると考える。

一方、家事費と必要経費の境目をはっきりさせたがるのが所得税だから、個人だって本当に仕事に使っていれば必要経費になるけれど、本当にそれは事業に必要なのか？ 事業に使用しているのか？ という部分が厳しくみられることになるよね。

やっぱり個人って厳しいですね。

法人でも、家事、仕事両方に車を使っているなら、走行記録を取ったり、仕事で使っていることを証明する努力は必要。

先日も資産管理会社所有のプライベートジェットを社長が私的利用していて、その利用料として5億円を負担すべき、と国税局から指摘を受けたとニュースがあったよね。

家事消費分は計上しないとダメですね。

あと気をつけたいのは、法人の場合、名義は必ず法人で。個人名義で買って自動車保険を安くしようとかしないことだね。

自動車保険って、個人だと保険料安いんですか？
知らなかった。

家事消費には気をつけなきゃですけど、
法人成りってメリットありますね。

デメリットもあるんだよ。赤字でも住民税の均等割は発生するし、申告も手間が増える。申告は個人と違って自力でやるのは厳しいと思う。うちの顧問料が上がるから、これも伝え忘れるとトラブルになりかねないから気をつけないと。

そこも変わるんだ

4-2　法人成りで生命保険料を経費にする

☑ 生命保険の基本

> もともと生命保険は節税というより、課税の繰延べなんだけどね。

> 定期保険は掛捨てで、将来戻ってくる返戻金ってないですよね。課税の繰延べになるのかしら？

> 僕、実は生命保険ってあまりよくわかってなくて。定期保険はまだわかるけど、長期平準定期保険とかになるとお手上げ。

> 生命保険の仕組みを説明しようか。

☑ 定期保険とは

> まずは「定期保険」。5年、10年などの限られた期間、一定の保険料を払い続けることで、その期間内に死亡した場合、保険金を受け取れる。税務上は全損となるよ。

> 掛捨てといわれる保険ですね。

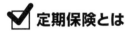

> 定期保険は掛捨てで、保険料が安いことが魅力だけど、保険期間が終了すると更新が必要となり、そのときには**加入当初より年齢が上がっている＝死亡リスクが高まっている**ために保険料が上がる。

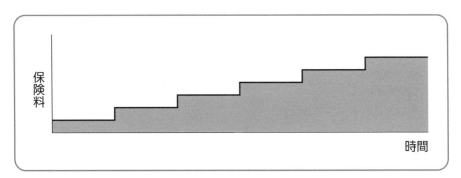

年を取ればそれだけ死に近づきますもんね。

でも、更新のときに保険料が上がるなんて聞いてない、とトラブルになる部分だったりする。

え、そんなこと言われても💧

社長に、決算ごとに更新の時、保険料上がりますよってお話ししておくとかなり違うよ。

そうですね、そうします。

長期平準定期保険とは

そこで生まれたのが**「長期平準定期保険」**。**「長期定期保険」**ともいうね。保険期間を95歳や100歳など長期にして、更新をなくして保険料は保険期間の間一定にしたんだ。「平準」は平らにするという意味だね。

前半は若いからリスクは低いのに、保険料はずっと同じなんですね。

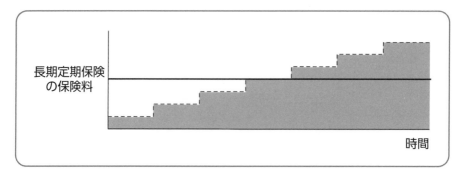

長期定期保険
の保険料

時間

実質的に前半では保険料の中に相当多額の前払保険料が含まれていて、満期前に解約すると返戻金があって、時期によっては返戻金の額はかなりの額になる。

旧通達の長期平準定期保険の税務上の取扱い

保険期間満了時の被保険者の年齢が 70 歳超
かつ、加入時の被保険者の年齢＋保険期間×2 が 105 超の場合

加入期間の 6 割期間は支払保険料の 1/2 資産計上（＝ 1/2 損金）
残りの 4 割期間に入ると 1/2 資産計上してきたものを徐々に取り崩し、損金算入

☑ 旧通達は保険期間の長さに注目

令和元年の通達改正までに加入した長期平準定期保険は、上記旧通達が適用される。長い保険期間だと 1/2 損金、1/2 資産計上。

半損とはいえ、保険は期間が長ければ返戻率が良くなるし、日本人は掛捨てが嫌い。簿外資産を持つことができることで非常に人気の商品でね。

簿外資産？

旧通達だと長期平準定期保険は支払った保険料の半分を資産計上。**解約時期によっては支払った保険料のほとんどが返戻金となって資産計上分を上回って戻ってくる**から、解約するまではB／Sに計上されない簿外資産になるんだ。解約時は雑収入だけど。

保険料で損金を作って節税しても、返戻金が雑収入なら税金は取り返されてしまいますね。

そこで、退職金など経費が発生する時期と解約返戻金のピークが重なるように設定するんだ。

退職金……。誰のですか？

社長の。

生命保険で保険料を損金としながら退職金を積み立てる！ 退職引当金は損金にならないのに生命保険で退職金を用意すれば損金にできるんだ！

現実問題としては、本当に解約返戻率のピーク時にタイミングよく退職できるのか、という問題もあるんだけどね。

生命保険は課税の繰延べ

保険によって課税を繰り延べ、
経営セーフティ共済と同じ効果ですね。

保険料を支払っているときは節税しながら積み立てて、退職金で資金が必要なときに解約返戻金があれば助かりますもんね。考え出した人すごいな。

この課税の繰延べと、もうひとつ**「実質返戻率」**というスパイスを効かせることで生命保険はもっと魅力的な商品に見えていたんだ。

実質返戻率？

実質返戻率を使った保険の募集は、金融庁や生命保険協会の指導で今は禁止されているけれど、前はこんな考え方もあったんだ。大事なことだから説明すると……。

今はもう使えない用語「実質返戻率」とは

例えば、決算間近に利益が 1,000 万円となりそう、と判明したとする。そこで、全損で毎年 1,000 万円の保険料、5 年後に 8割返戻のある生命保険に加入する。そうすると利益と税負担は、

0 となって税負担は発生しません。

そうだね。税率が 25% だとすると、保険に加入しなかったら250 万円の税負担が発生していた。ということは、**実質的には1,000 万円 − 250 万円 = 750 万円の保険料で保険に加入できた**と考えられないかな？

いわれてみれば、そんな気もしないでもないですね。

5年後に1,000万円×8割＝800万円×5年＝4,000万円の返戻金。
実質保険料は750万円×5年＝3,750万円。

あら？　返戻の方が多い？

税負担を考慮しない単純返戻率は8割だけど、**税負担を考慮する実質返戻率だと106%の返戻率**となるんだよ。

ええー？　実質掛金以上に返ってくる？

なんか、すっごいお得な気がしてきた！

でしょ？　といっても、実質保険料をいうなら全ての経費がそうじゃない？　と僕は思うんだけど。

？

だって、例えば接待で10万円使ったとする。税率が25%なら10万円使ったことで2万5,000円の税負担が減少したのだから、実質的には7万5,000円で飲み食いできた、といっているのと同じでしょ。

うーん、確かにそうですね。

経費レシートが税金の割引券みたいに思えてきた。

そうだね（笑）。生命保険は額が大きいし、返戻という他の経費にはない特色があるからこういう考え方が広まったんだろうけど、投資好きな社長の心をくすぐる考え方だよね。バブルのときの売れ行きはすごかったそうだよ。

生命保険が投資商品化していたんですね。

✓ ニッセイが「発明」したプラチナフェニックスとは

課税の繰延べと実質返戻率、この2つの特徴を最大限に活用して、とんでもない商品が発売された。**「傷害保障重点期間設定型長期定期保険」**というものなんだけど、売れすぎて令和元年に通達が改正されたんだ。

傷害保障重点期間……？　めっちゃ長いな

プラチナフェニックスという商品名の方がなじみがあるかな？ニッセイが最初に発売した商品なんだ。

どんな保険なのか、全く想像つかないです……。

「傷害保障」はケガや交通事故などで亡くなったときに下りる保険で、病気死亡の場合、下りるのは責任準備金相当額のみ。

死亡の理由を傷害に限定しているんですね。

傷害による死亡率は病気と違って年齢によるリスクの差はほとんどない。高齢であっても通常の病気を含む死亡保険料と比較して安くなる。

お年寄りも若い人も傷害による死亡率って変わらないのか。

次は「重点期間設定型」。第 1 保険期間と第 2 保険期間を設定し、第 1 保険期間を傷害保障としてリスク応負担分の保険料を抑える。第 1 保険期間の**実質**保険料が安くなるようにするんだ。

プラチナフェニックス型保険商品の仕組み

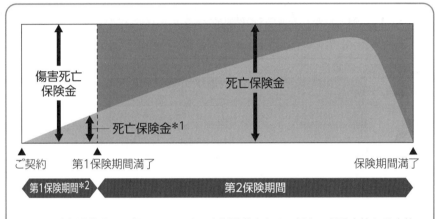

傷害死亡保険金

死亡保険金

死亡保険金*1

ご契約　　第1保険期間満了　　　　　　　　　　保険期間満了

第1保険期間*2　　　　　　第2保険期間

　＊1　　責任準備金と同額となります。責任準備金とは、将来の保険金等をお支払いするために保険料の中から積立てるお金であり、多くの場合、払込保険料累計額を下回ります。また、責任準備金は経過月毎に変わります。

　＊2　　第 1 保険期間は、加入時にお客様のニーズに合わせ、所定の範囲内で設定可能です。

（出典：日本生命保険相互会社ホームページ）

第 1 保険期間……傷害死亡のみ保障。病気死亡の場合は保険金がほとんど下りない（責任準備金のみ）。
第 2 保険期間……すべての死亡を保障する

でも、**節税に保険商品を使うのであれば、損金となる保険料は多額に支払える方が有利**。傷害以外の死亡理由であっても保険金が支払われる第 2 保険期間（リスクが高く実質保険料が高い）を設定することで、保険期間全体の実際に支払う保険料を引き上げる。

旧通達は保険期間が長いと資産計上を求めていたけれど、裏を返せば旧通達にあてはまらないように設計すれば全損となる。

長期平準定期保険だから第1、第2保険期間を通じて平準化した保険料は、第1保険期間はリスク応負担分をかなり超えているけれど、設計によっては全損になるわけですね。

そう。その保険料が責任準備金（積立）となり、解約返戻金を膨らませることになる。退職金支払時期が第2保険期間に入る直前にあたるように組むことによって、保険料を支払っているときは損金で節税、退職金を支払う期は返戻金が雑収入だけど、退職金が損金だから。

すごいですね、この仕組みを考えた人、天才ですね！

長期平準定期保険と傷害保険、第2保険期間の設定といった合わせ技で、全損でありながら解約返戻金が8割超。保険業界では発明とまでいわれたんだ。

ニッセイが発売して以降、いろんな保険会社が同様の商品を発売してブームが過熱しすぎて返戻率競争みたいになってしまって……まあ、ともかくめちゃくちゃ売れたんだよ。

でも、なんで保険が売れ過ぎて通達が改正になるんだろう？

だって、国庫に入るべき税金が保険会社に入ってしまったんだから。保険の本来の目的である保障に立ち返りなさい、ということもあるのかな。

なるほど。

新通達は解約返戻率に着目

新通達では最高解約返戻率が50%を超える場合は資産計上を求められ、資産計上割合も最高返戻率によって3パターンに分類されて、資産計上割合が85%を超えるものと超えないものとでは、資産計上期間も異なることになった（法人税基本通達9－3－5の2）。

No.	最高解約返戻率区分	資産計上期間	資産計上割合	取崩期間
①	50%以下	なし（全額損金）	なし	なし
②	50%超70%以下	保険期間の40/100	支払い保険料の40%（損金60%）	保険期間の75/100相当期間経過後から保険期間終了まで
③	70%超85%以下	保険期間の40/100	支払い保険料の60%（損金40%）	
④	85%超	保険期間開始から最高解約返戻率になるまでの期間（※）	i) 当初から10年目まで最高解約返戻率×90% ii) 11年目以降最高解約返戻率×70%	解約返戻金がピークとなる期間から保険期間終了まで

（※）解約返戻金の増加分÷年換算保険料相当額＞70%期間も含む

 旧通達は保険期間で処理方法が変わりましたけど、新通達は最高解約返戻率で処理方法が変わるんですね。

 資産計上するということは、損金になる額が減るわけだから、課税の繰延べ効果は薄れるわけか。

改正日（令和元年7月8日）前契約は旧通達、改正日以後契約は**新通達の取扱い**となるから、税務処理にはいつの契約のものか、十二分に注意を払う必要がある。新通達対応済みの書籍などで必ず確認するようにしないとね。

✅ 生命保険に旨味はなくなったのか？

じゃあ、法人成りして生命保険の加入って、旨味はなくなってしまったのかな？

社長の万が一に備えて保険加入をする場合、個人事業主なら所得控除は年間12万円がいいところ。それが、**法人成りして保険に入れば最高解約返戻率が50%以下なら全損、そうでなくても一部は経費にできてしまう**んだよ？

そうか、それはすごいメリットだな。

会社が保険に加入する本来の意義は、経営者に万が一のことがあっても事業が継続できるように保障を用意しておくこと。

小さな会社では社長が営業マンで、資金繰りを考えて、現場に行って……一人で何役もこなしているから、社長が倒れてしまったら売上げがストップして、たちまち会社は危機的状況になってしまいますものね。

うーん、法人成りして生命保険はやっぱり大事だな。

法人成りで所得分散

☑ 大学生の子どもにアルバイト料を払うことができる

法人成りするメリットは、家族に給料を出せることもあるね。

 あら、個人でも専従者給与が払えましたよね。

個人だと大学生の息子に仕事を手伝ってもらった場合、アルバイト料を支払うことができないけれど、法人だとできるんだよ。

 なんで個人はダメなんだろう？

昼間の大学に通っているお子さんだと残念ながら専従者給与は認められない。夜間大学の学生ならOKのケースもあるんだけど。

 昼間の大学の場合、メインの仕事は大学生ということですね（所得税法施行令第165条第2項第1号）。

 本当に個人は厳しいなあ。

個人はダメで法人はOKって多いよね。ただし、息子にちゃんと仕事をさせて、時給とかで払うならいいけれど、役員報酬として支払ったりしたら、息子がどこまで経営に関与しているのかなんて話にもなりかねないから注意が必要だよ。

配偶者に給与＋配偶者控除 OK

法人なら社長の奥さんに給料を出しても、
扶養範囲内の額であれば配偶者控除の対象になるんだ。

 青色事業専従者は給与の額が 103 万円以下であっても配偶者控除の対象にならなかったですよね。

法人の場合は、奥さんの給料の出どころは社長じゃなくて会社だからね。

 でも、中小企業の社長はたいてい法人の株主でもありますよね、一緒のような気が……。

確かに会社で奥さんの給料を経費にしていて、さらに扶養に入ることを認めるなんて二重で有利なように見えるけど、法人格を持っている会社に雇われているのであって、社長である旦那さんに雇用されているわけじゃないから。

 まあ、確かに。

雇用しているのは会社で、配偶者控除を受けるのは社長個人。法人の場合、あくまでも奥さんは専従者ではないからね。

 ## 配偶者は専従でなくて OK

あと、奥さんが外でパートをしていても旦那さんの会社で勤務しているなら給料を出すことができる。

そうか。法人に勤務しているのであって、個人事業主の専従者じゃないから。

専従者だと副業は基本的にダメでしたよね。こうみると、個人は縛りが多いですね。

でも、法人となればそんな縛りはなくなる。

もちろん、勤務実態がない、勤務実態があってもその報酬として、かけ離れた額を支給していたら問題にはなるけど。

法人成りで社長にも日当を出そう！

☑ 日当とは

個人はダメで法人は OK なのは、社長の日当もあるね。

日当ですか？

出張手当のことだよ。出張に行くと、交通費、宿泊費、食事代なんかがかかるけど、交通費や宿泊費は精算できても、食事代とか雑費系をいちいち精算するのが大変だから概算で支払ってしまおう、というのが日当。

精算しなくていいんだ、楽ですね。

日当は、もらった役員や従業員は所得税がかからない（所得税法第9条第1項第4号、所得税基本通達9-3）。法人にとっては旅費交通費。

会社としてはかかる実費をカバーできるように支払う規定にしているはずだから、もらう側としてはちょっと手残りがあるんじゃないかな。

あと、日当は仕入税額控除の対象となる。

概算払いでも仕入税額控除 OK なんですよね。

仕入税額控除？

年間取引が課税売上 1,100 円（仮受消費税 100 円）、課税仕入 880 円（仮払消費税 80 円）だとしたら消費税納付額は 100 円－80 円＝ 20 円でしょ？　この 80 円だよ。仮受消費税から控除する金額。

 なるほど。で、概算払いと仕入税額控除って何が関係するの？

 仕入税額控除をするには、請求書等と帳簿の両方を保存する必要があるんだ。でも、日当は概算だから請求書がないけれど、仕入税額控除ができる。

 消費税にはそういう決まりがあるのね。

手残りはお小遣いで所得税もかからないなんて、従業員も嬉しいし、処理が簡単で仕入税額控除も OK なら会社も嬉しいよね。

☑ 日当は個人事業主本人には払えない

 じゃあ、いっぱい支払えるように旅費規程を作ればいいんだ！うちの事務所もないのかな？

実費をかなりオーバーする金額は認められないよ。あと、うちの事務所は個人だから旅費規程はないよ。

 個人だからとは？

個人事業主本人に日当は認められないんだ。

 個人事業主はもらえないんですか？

そう。旅行に要する費用で特に雑費のようなものは，その旅行の目的、目的地、旅行者の地位等によりけり。そのすべてについて実費精算を行うことは，

細かくて大変そう……。

だからこそ概算となるのだけど、そうすると、実費の方が少なかった場合、家事費を事業所得の経費に入れていることになる。

そうですね。

家事費と事業の経費をきちんと分けないと正確な所得が出ないから、所得税は家事費と事業経費の区分には神経質にならざるを得ない。従業員と違って誰かの管理、監督下にある訳ではないし、個人事業主本人の日当は認められない。きちんと精算してね、ってこと。

なるほど……。
え、でも、個人事業主でも従業員には日当払えますよね。

払ってはいけない決まりはないね。たぶんうちの所長は自分がもらえないから旅費規程を作ってないんだよ（笑）。

 法人なら社長も旅費日当をもらえる

ということは、
日当の導入は法人のお客様になりそうですね（笑）。

そうだね。法人と役員は別人格だから、家事費がどうとかいう所得税特有の話は出てこない。

そうですね。

社長自身ももらえるし、法人成りすると日当の支給を検討する会社は多いんだ。

僕も欲しいなあ……。

☑ 税務調査で否認されたら給与課税

もし、日当の額が高すぎるとして税務調査で否認されたどうなるんですか？

常識的な金額ではない場合は、旅費交通費じゃなくて給料と見られるだけで、法人の損金となることには変わりはない。ただ、従業員が多額にもらいすぎた分は従業員に所得税が課税される。

でも、消費税は気をつけないと。法人としては給与だから消費税の仕入税額控除が認められないのでは？

確かにそうだね。

役員なら役員賞与で法人税の損金にはならないです。

2人の方が反応が早くなってきたね 💧

公務員の日当の金額を参考に

> 適正な額っていくらくらいなんですか？

> そうだなあ、通達にはこんな風に書いてあるけど。

所得税基本通達　9－3（2）

その支給額が、その支給をする使用者等と同業種、同規模の他の使用者等が一般的に支給している金額に照らして相当と認められるものであるかどうか。

> 同業他社のデータを持っているのは税務署くらいなんじゃないかな？　他社がどうしてるかなんてわからないよ。

> そうなんだよね。産労総合研究所の**「国内・海外出張旅費に関する調査結果」**が参考になるね。あとは**「国家公務員等の旅費に関する法律」**という法律で国家公務員の旅費日当の金額が定められていて参考になる。これをベースに規定を作成することをうちの事務所ではオススメしている。

> 国家公務員……。
> あ、税務署と同じ規定なら文句言われませんね。

> そういうこと。

4-5　法人成りで社宅に住もう！

☑ 社宅は個人事業主本人はダメ

法人だったら社宅も節税案のひとつだね。これも法人の社長は使えるけど、個人事業主本人は使えないんだ。

法人と個人はほんとにいろいろ違いますね。

そうだね。法人だと社長の自宅賃料を経費にできるから法人税負担も減るし、社長の所得税負担も減るから節税効果は大きいね。

☑ 現物給与は担税力が低い

社宅は会社から貨幣で給料を支払われるのではなく、住宅そのものを支給されるから、「現物給与」といわれるんだ。

現物給与？

そう。それって、もらった方としては困ることもあるんだよね。

どうしてですか？
社宅って安いからありがたいイメージがありますけど。

そうだけど、極端な例を出すと、
給料が全部現物給与で渡されたらどうする？

現金がないから携帯代も支払えないし、服も買えない。
納税だってできないでしょ？

それは困ります！

だから、税金の世界も現物給与は担税力が低いことを考慮して
くれていて、もし賃料が12万円の社宅だったとしても、12万
円全額には所得税を課税してこないんだ。

なら良かった。

こうやって、評価額と実際の価額に差があるところに節税のツ
ボがあったりするんだよ。

☑ 従業員が一部家賃を負担すれば所得税は課税されない

社宅は本来なら給与課税され、源泉徴収の対象となる。でも、
貸与を受ける者が一定額の家賃を負担すれば、給与として課税
しなくても良いことになっているんだ。

ああ、だから寮に入ってる友達は、
ちょっとだけ家賃を払っているんですね。

そうだね。この負担額の考え方は、社宅が会社所有なのか借上
げ社宅なのか、貸与を受けている者が役員なのか従業員なのか
等で変わってくる。でも、相当豪華な社宅じゃない限り、会社
にも役員や従業員にもお得な方法だよ。

僕も社宅に住みたいなあ。

所長に頼んでみたら（笑）。看護師や守衛など、仕事を行う上で勤務場所を離れて住むことが困難な使用人に対して、社宅や寮を貸与するようなケースでは、無償で貸与しても給与として課税されない場合があるよ。

役員・従業員はいくら家賃を払えば給与課税されないか

いくら家賃を負担すれば所得税を課税されなくてすみますか？

1か月あたりの「賃貸料相当額」を計算するんだ。小規模な住宅であれば、自社所有物件であろうと他から借りた物件であろうと同じ算式になるよ。

賃貸料相当額＝以下（1）から（3）の合計額

(1) （その年度の建物の固定資産税の課税標準額）× 0.2％
(2) 12円×（その建物の総床面積（㎡）／ 3.3（㎡））
(3) （その年度の敷地の固定資産税の課税標準額）× 0.22％

役員はこの金額、従業員はこの金額の半分を負担していれば給与課税はされないんだ。

ふうん。高いのか、低いのか……。

その社宅のある土地の固定資産税課税標準額によるから田舎なら低くなるし、都会なら高くなる傾向はあるけれど、従業員なら実際の家賃の1割くらいだよ。

え、そんなに低いんですか！

床面積が 240㎡を超えるような豪華な社宅の場合は実際の家賃が賃貸料相当額となるから、どんなところにでもこれだけ安く住めるわけじゃないけどね。

あとは役員の場合、小規模な住宅以外だと自社所有物件と他から借りた物件で賃貸料相当額の計算式が変わるんだ。ま、おいおいでいいとして……。

☑ 社宅の注意点

社宅で気をつけたいところは、敷金や礼金を会社が負担するので資金繰りを圧迫する可能性があること、契約などの事務負担の増加、賃貸料相当額や社会保険における現物給与の額の計算が面倒、といった点だね。

敷金、礼金は会社持ちなんですね。

もちろん。会社の建物に住まわせるか、会社が借りている物件に住まわせるのが社宅だからね。あと、社宅は福利厚生制度だから、きちんと社内ルールを作成して、条件に当てはまる役員・従業員であれば全員使えるようにしないといけないね。

☑ 節税はキャッシュを圧迫する

いろいろ節税方法はあるけれど、創業期からこれらを全部やってしまうのはオススメできないんだ。

どうしてですか？　節税ってみんなしたいと思うんですけど。

節税って、キャッシュが出ていくんだよね。

 生命保険も、社宅も、確かにそうですね。

そうすると、事業を大きくするために設備投資をするにしても手許資金がない。

 確かに。

節税して税額は小さくなっても、節税額の３倍近いキャッシュが会社から出ていってしまうんだ。だったら、節税しないで会社にキャッシュを蓄えるという手もある。

 節税しなければ、丸々手許にそのキャッシュが残りますものね。

こちらも、社長の意図をくんで気をつけてあげないといけないところだね。お金が自由にならないって言ってる社長もいるし。節税とキャッシュは両立し得ない。

 節税は資金繰りを圧迫するのか……覚えておこう。

4-6　法人成りで消費税免税期間を狙うなら インボイス制度まで

☑ インボイス制度

2年間の消費税の免税期間を狙って法人成りを考える人もいるね。

基準期間がないから2年間は免税ですもんね。

そうなんだけど、これを狙うならインボイス制度導入前に法人成りしないと。

どうしてですか？

現在の消費税法では免税事業者であっても売上げに消費税をプラスして請求していて、仕入れ側は仕入税額控除を認められているけれど、適格請求書（インボイス）になると仕入れ側は原則として仕入税額控除ができなくなるんだ。

僕、インボイス制度がちょっと……。

私もです。

インボイス制度は令和5年10月から始まる制度で、正式名称は適格請求書等保存方式。

| 請求書等保存方式
(令和元年9月末まで) | 区分記載請求書等保存方式
(令和元年10月〜) | 適格請求書等保存方式
(令和5年10月〜) |

今の区分記載請求書と中身はほとんど同じなんですよね。

区分記載請求書 (イメージ)	適格請求書 (イメージ)

請求書

○○御中　　　　　　○年○月○日

◎年□月分 21,800円(税込)

□月1日　牛肉2kg ※　5,400円
□月8日　割りばし4組　5,500円

合計　　　　　　21,800円
(10%対象 11,000円)
(8%対象 10,800円)

△△ (株)
「※」は軽減税率対象であることを示します。

請求書

○○御中　　　　　　○年○月○日

◎年□月分 20,000円 (本体)
　　　消費税　　1,800円

□月1日　牛肉2kg ※　5,400円
□月8日　割りばし4組　5,500円

合計 20,000円　消費税 1,800円
(10%対象 10,000円　消費税 1,000円)
(8%対象 10,000円　消費税　800円)

登録番号 XXX-XXX

△△ (株)
「※」は軽減税率対象であることを示します。

登録番号と税率区分ごとの消費税額等が追加されるくらいですね。

そうだね。区分記載請求書と適格請求書は、見た目はさほど変わるわけではないけれど、**免税事業者は適格請求書を発行できない**。

免税事業者は発行できない、となると何が変わるんですか？

免税事業者から仕入れた課税事業者の仕入控除税額がなくなる。

すみません。仕入控除税額って、竹橋くんにちょっと教えてもらっただけで、はっきりわかっていなくて。

仕入控除税額は**課税売上に係る消費税額から控除する課税仕入れに係る消費税の額**のこと。簡単に言ってしまうと仮受消費税から差し引く仮払消費税のこと。

課税売上 1,100 円、課税仕入 880 円

この場合、消費税の納税額は 100 円－ 80 円で 20 円ですけど、80 円が仕入控除税額ですよね？

そうそう。仮払消費税そのものの額ではなくなることもあるんだけど、とりあえずその理解でいいよ。

支払額が 110 万円の場合

現行法		
課税事業者からの仕入れ	本体価格 100 万円	消費税額 10 万円
免税事業者からの仕入れ	本体価格 100 万円	消費税額 10 万円

インボイス制度		
課税事業者からの仕入れ	本体価格 100 万円	消費税額 10 万円
免税事業者からの仕入れ	本体価格 110 万円	消費税額　0 円

インボイス制度の開始後に免税事業者から仕入れたら、仕入税額控除がない上に本体価格が高くなるのは損した気分になるなぁ。

合理的な経済活動としては、①課税事業者から 110 万円で購入する、②免税事業者から 100 万円以下で購入する、となるよね。税抜 100 万円のものを 110 万円で購入するのは合理的ではない。

現行法では免税事業者からの仕入れであっても仕入税額控除が認められているから、消費税をオンした 110 万円の価格で売っても市場から免税事業者が排除されなくて済んでいる、ということですか?

そういうことになるね。法人成りして免税期間がほしいというのは、免税事業者だけど 110 万円で請求したいから。そうすると、インボイス制度が始まる前に法人成りする必要がある、ということなんだ。

じゃあ、法人成りで迷っている甲社長にはこのことも説明しなきゃですね。

免税事業者は令和 5 年 10 月 1 日から適格請求書を発行できなくなってしまうけれど、経過措置として免税事業者からの仕入れは、令和 5 年 10 月 1 日から令和 8 年 9 月 30 日までは仕入税額相当額の 80%、令和 8 年 10 月 1 日から令和 11 年 9 月 30 日までは仕入税額相当額の 50% の控除ができるとされているよ。

✓ 免税事業者はインボイス制度で業績が悪化する

インボイス制度が始まったあとの免税事業者の利益を見てみよう。

【前提】
売上　本体価格 900 万円　消費税額 90 万円
仕入　本体価格 500 万円　消費税額 50 万円

インボイス前	インボイス後
990 万円－ 550 万円	900 万円－ 550 万円
＝利益 440 万円	＝利益 350 万円

インボイス前と後で利益が 90 万円も違う！

さっきの話を前提にすると、免税事業者は税抜価格が売上げに
なるから売上げが減少して仕入れは同じまま。そりゃ利益は減
少するよね。

課税事業者を選択した場合

900 万円－ 500 万円＝ 400 万円（利益）
90 万円－ 50 万円＝ 40 万円（消費税納税額）

課税事業者だと利益は 400 万円、消費税納税負担は 40 万円。
利益とキャッシュが一致すると考えると手残りは 360 万円。免
税事業者でいるよりは有利になる。

これでは、課税事業者を選択した方がいいかも。

加えて、仕入税額控除ができないから、免税事業者が取引相手
として選ばれにくくなる。EU だと免税事業者が課税事業者に
なりたがるんだよ。日本も同じ現象がおこるかもね。

 消える簡易課税

日本は、昔「一般消費税」と「売上税」という名前だったけど、大平正芳首相と中曽根康弘首相のときに消費税導入に失敗しているんだ。

そうなんですか！　知らなかった。

所得税をはじめとする直接税に依存する税体系は高齢化社会に対応しきれない。日本はどうしても間接税を導入する必要に迫られていた。導入に成功したのは竹下登首相。導入するために零細企業に対して手厚い配慮をしたんだよ。

手厚い配慮とは？

インボイス制度がないことと、簡易課税制度があること。これらは益税の温床だからね。現行では簡易課税制度を選択できるのは課税売上高が5,000万円までだけれど、消費税法施行当初は5億円以下の事業者に適用されたんだよ。

そんなに違ったんだ

あと、現行の免税点は1,000万円だけど、施行当初は3,000万円だった。

創設当時は免税事業者が今より多かったんですね。

消費税導入に苦労したのがわかりますね。

今回、インボイス制度が導入されるということは、仕入控除税額は本当に払った額ということになる。簡易課税制度は売上げの額から仕入控除税額を算出するから、本当に払った額とはいえない。簡易課税制度を残すのではインボイス制度を導入する意味がないからね。

あれ、そうすると、インボイス制度になると日当の仕入税額控除は認められなくなってしまうんですか？

いや、インボイス制度になってもバスや鉄道、自動販売機から購入するものや日当は帳簿のみの保存により仕入税額控除が認められるよ。

第5章

法人成りで新たに抱える「株」問題

5-1　中小企業の株ってコワい

✅ 債務免除が贈与になる

乙（株）の会長が、自分の相続のときに相続財産になるのが嫌だから会社への貸付けを債務免除しようかと思う、とおっしゃっていて。債務免除した額を収入に計上すればいいんですよね？

仕訳はそれでいいけど、乙（株）の株主は会長と社長の2人だよね？　会長が債務免除すると、社長へ贈与したことになってしまうよ。相続税法基本通達9－2だね。

会長が社長に贈与したことになる？

そう。債務免除をするということは、債務免除益が計上されて会社の純資産価額が増加するよね。

そうですね、乙（株）の価値は上がりますね。

この価値が上がるということは株価が上がる。会長から他の株主にこの価値を贈与したとみなされて、贈与税の課税対象となる。

株の価値の上昇分が贈与になるなんて🦵

株主が会長だけなら問題ないんだ。会長の持っている会社の価値、つまり株価が上昇したとしても自分に贈与するなんて考えはないから。**債務免除した人と株主が一致しない場合が問題になる**よ。

ああ、「**みなし贈与**」ですね。かすかに昔勉強した記憶が……。

 そう。実際にモノが動いたわけではないけれど、同族会社では自分の持っている株の価値が他人の行為によって上昇したら、贈与を受けたと考える。

 これは気づかないなあ。

 他にも会社が土地や建物などを贈与されたりすると、会社の価値が増加して株価が上昇する。会社に贈与した人と株主が一致しないならこれもみなし贈与となって、**株主に贈与税**がかかるんだ。

 会社に贈与した人は財産を時価で譲渡したとみなされて譲渡所得税がかかる。**受贈益が計上される会社は法人税**。これを**トリプル課税**なんて呼ぶんだよ。

 中小企業の株ってコワい。

✔ 増資が贈与になる

 甲（株）の社長が、増資して息子にも会社の株を持たせたいそうです。額面5万円で100株、500万円出資でどうですかって。

 会社の株価が今いくらになっているか、が問題だよ。金額によっては贈与税がかかるよ。

 会社の株価ですか？

上場会社の株価なら評価したい日の株価に持っている株数をかければいいけど、非上場会社はそうはいかない。毎年、コンスタントに利益を出している中小企業の株を動かすときは注意が必要。例えばね。

創業時　　1 株当たり 5 万円で 100 株発行　　（会社の価値 500 万円）
増資直前　1 株当たり時価 20 万円　　　　　　（会社の価値 2,000 万円）

増資時、順調に利益を出してきて、甲（株）の会社の価値が 2,000 万円だったとして、ここで息子にも出資させ、1 株 5 万円で 100 株を発行するとしよう。

（2,000 万円＋100 株×5 万円）÷（100 株＋100 株）
　出資後の会社の価値　　　　　　　　出資後株数

=12 万 5,000 円（1 株当たりの時価）

増資した直後の 1 株当たりの時価は 12 万 5,000 円になる。社長は増資直前には 1 株 20 万円の価値を 100 株、つまり 2,000 万円の価値を持っていたのに、増資したせいで 1,250 万円の価値に下がってしまった。

 ……反対に息子は、1 株額面 5 万円で 100 株出資したら 12 万 5,000 円×100 株＝ 1,250 万円の価値を持つことになりますね。

そう。このとき、息子は社長から 750 万円贈与を受けたことになってしまう。

 息子は単に増資するだけで贈与になるなんて思ってもないです

これを**みなし贈与**というんだ。贈与を避けたいのであれば1株（額面5万円の権利）に対して20万円を出せばOK。息子さんは500万円出資するなら500万円÷20万円＝25株、株数は25株だね。

 中小企業の株ってコワい。

 ## 減資が配当になる

 しかし、「みなし」って厄介ですね。
言われないと気づかないですよ。

 知識がないと見落としてしまいますね。

株絡みで「みなし配当」なんていうのもあるよ。
有償減資のときに発生するんだ。

 試験勉強で少しやりましたけど、理解できてないです……。

会計上の考え方とズレがある部分だから理解しにくいのかもね。まず会計の話。**会計上は資本の払戻しは資本剰余金の減少のみ**と見る。

資本剰余金	→ 資本剰余金を分配
利益剰余金	会計上の仕訳 (その他資本剰余金) /(現預金)

でも、**税務上は出資の部分と一緒に利益の部分も払い戻ししていると考える**んだ。利益を株主に支払うのは配当だよね。実質として配当だから「みなし配当」と呼んでいる。

| 資本金等の額 | → 資本金等と利益積立金を分配 |
| 利益積立金 | |

資本金等と利益積立金を分配
(按分計算)

税務上の仕訳
(その他資本剰余金)／(現預金)
(利益積立金)

 会計と税務の仕訳のズレって、どうなるんだろう？

別表で調整するんだよ。

 払戻しを受けた株主の方はどうなるんですか？

出資の払戻しと考えられる部分は譲渡所得の申告。利益の配当と考えられる部分は配当所得として申告。

減資をした会社は、配当部分に対して 20.315% の源泉所得税を天引きして支払う必要があるよ。

 出資を返してもらったつもりが配当所得になってしまうなんて……。

配当所得は総合課税だから、額が大きいと税額も大きくなるし大変なんだ。

☑ 自社株買取りでみなし配当が発生する

発行した会社が自分の株を買い取る自社株買取りも注意が必要だね。

金庫株ですね。

そうとも言うね。買うと貸借対照表の表示はどうなる？

えっと、純資産の部の利益剰余金の下段にマイナス表示だったかな。

ということは、純資産の部全体の金額が減少するよね。**自社株の取得は、自社株を売却した株主へ出資の払戻しとともに、今まで留保してきた利益剰余金の払戻し**でもあるんだ。

出資の払戻しは譲渡所得、利益剰余金の払戻しはみなし配当ですね。

そう、みなし配当となる。株主Aが純資産5,000万円（資本金1,000万円と利益剰余金4,000万円）のB社株式100株を全部所有しているのを、50株を2,500万円でB会社に買い取ってもらうことにする。

発行総数100株		自社株買取50株分	
純資産 5,000		純資産 2,500	
資本金 1,000		500	資本金の払戻し
利益剰余金 4,000		2,000	利益の分配

2,500 万円のうちいくらが資本の払戻しと利益剰余金の払戻しにあたるのか、按分計算をする。

でも、株式を売却したときって、譲渡所得の申告じゃないのかな？ 売価から取得費や付随費用を差し引いた額に税金がかかるってやつ。

株を発行している会社自身に売却するからみなし配当が発生する。発行会社に売るのではなく、他人や他の会社に売却するのであれば竹橋くんのいうように単なる譲渡所得だけ。配当は発生しない。

さっきの例だと、みなし配当が 2,000 万円も出てしまうことになる。配当所得は総合課税だから、2,000 万円だと税率は 40%。他の所得もあったらもっと大変だよ。

ひええ

譲渡所得だと 20.42% の課税で済むんだ。だから**税理士は「発行会社に売却するのだけはやめて」とアドバイスする**んだよ。他人や、他の会社に売却する方が所得税の負担は少なくて済むからね。

総合課税は恐ろしいですね。

株主が亡くなって、株を相続した人が発行会社に譲渡する場合は、亡くなってから 3 年 10 か月の間なら、配当とはならずに譲渡所得となる特例があるんだけどね。

5-2 中小企業の株価は一筋縄ではいかない

✓ 中小企業の株価は複数ある

なんか、中小企業の株って動かしたらいけないもののような気がしてきた。

同感。素人が触るとやけどしそう。

節税したくて法人成りするけど、そうすると株の問題が出てくる。相続で散らばったり、社長が友人にあげたり、それを買い戻したり。常日頃からこういう事象は発生しうるんだよ。

ひえー。

まだ論点はあるんだよ。会社の価値、つまり株価の問題がある。説明を簡単にするために、会社の価値はいくらだよ、とわかっている前提で説明していたけれど、そもそもこの会社の価値である株価はいくらなのか実務では問題になってくる。

相続税で株価の計算の仕方はやりましたよ。財産評価基本通達で計算するんですよね？ **原則的評価方式**と**配当還元方式**。

原則的評価方式と、配当還元……？

原則的評価方式と配当還元方式

株主の会社経営への影響度は、同族株主なら大きいし、そうでないならほとんどなくて、会社との関係は配当をもらうだけ、くらいだったりする。**会社との関係が濃い同族株主は原則的評価方式**で株価を計算、**薄い人は配当還元方式**で計算するんだ。

濃い薄いの判定は難しい。
今はザックリ概要をおさえて欲しいから割愛するよ。

評価方式が２つあって、株主によって評価方式が変わるんですね。

株を取得する人が経営への関与度が濃い同族株主の場合、**「原則的評価方式」**で株価算定する。これは**純資産価額**と**類似業種比準価額**という２つの価額を会社の規模に基づいてミックスしたものを株価としているよ。

純資産価額と類似業種比準価額をミックス？

そう。２つの方法で出した価額を、会社の規模によりミックス度合いを変えて株価とするんだ。

類似業種比準価額と純資産価額

類似業種比準価額は、類似業種の平均株価に調整を加えて株価を出す方法。

非上場会社であっても、なんで上場しないの？　というような優良会社もある。事業内容が類似している上場会社の株価をベースに配当・利益・純資産の３要素を加味して株価を計算するのが類似業種比準価額。

類似業種比準方式による株価の算出方法

類似業種株価 配当 利益 簿価純資産 斟酌率

$$A \times \left[\cfrac{\dfrac{b}{B} + \dfrac{c}{C} + \dfrac{d}{D}}{3} \right] \times \begin{array}{l} \text{大会社　0.7} \\ \text{中会社　0.6} \\ \text{小会社　0.5} \end{array} \times \dfrac{\text{1株当たりの}}{50円}$$

b, c, d ：評価会社の1株当たりの金額
B, C, D ：上場企業の業種別の1株当たり金額

純資産価額は会社が解散するとき、資産から負債を引いた残余財産は株主がもらうことができる部分。**株主の権利である残余財産をベースに調整を加えて株価を計算した価額**だよ。

純資産価額は名前通りですんなり入ってきますね。

純資産価額方式による株価の算出方法

1株当たりの純資産価額 ＝ (相続税評価額による総資産の価額 － 相続税評価額による負債の価額 － 評価差額の法人税額等相当額（※）) ÷ 発行済株式数

（※）相続税評価額による純資産価額から帳簿価額における純資産価額を控除した額の37%相当額（マイナスの場合ゼロ）

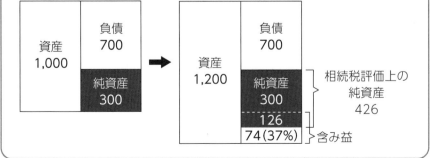

ミックス度合いを決める会社規模はこの表で判定する。従業員数が70人以上の会社はみなくてOK。「大会社」になるんだ。

会社規模の判定基準

総資産価額（帳簿価額）			従業員数	取引金額			会社規模の区分	併用方式Lの値
卸売業	小売・サービス業	卸売業、小売・サービス業以外		卸売業	小売・サービス業	卸売業、小売・サービス業以外		
20億円以上	15億円以上	15億円以上	35人超	30億円以上	20億円以上	15億円以上	大会社	－
4億円以上	5億円以上	5億円以上	35人超	7億円以上	5億円以上	4億円以上	中会社	0.9
2億円以上	2.5億円以上	2.5億円以上	20人超	3.5億円以上	2.5億円以上	2億円以上	中会社	0.75
7,000万円以上	4,000万円以上	5,000万円以上	5人超	2億円以上	6,000万円以上	8,000万円以上	中会社	0.6
7,000万円未満	4,000万円未満	5,000万円未満	5人以下	2億円未満	6,000万円未満	8,000万円未満	小会社	0.5

（イ）　　　　（ロ）　　　　（ハ）

① （イ）総資産価額 と （ロ）従業員数基準のいずれか**下位の区分を採用**。

② ①と （ハ）取引金額基準のいずれか**上位の区分により判定**。

（出典：中小企業庁「平成29年度税制改正の概要について（中小企業・小規模事業者関係）」
（平成29年3月））

ミックス度合いはこんな感じ。

類似業種比準価額と純資産価額のミックス度合い

会社規模		類似業種 比準方式		純資産 方式	株価⇔で比べて低い方	純資産 方式
大会社		100%	+			100%
中会社	大	90%	+	10%		100%
	中	75%	+	25%		100%
	小	60%	+	40%		100%
小会社		50%	+	50%		100%

会社の規模を判定して、中会社の中の場合は類似業種比準価額を 75%、純資産価額を 25% ミックスして、小会社なら類似業種比準価額と純資産価額を 50% ずつミックスして株価を計算。大会社は類似業種比準価額のみですね。

大会社はもう上場会社と変わらないでしょ、ってことだね。

なるほど。

 **配当還元方式**

会社と関係が薄い株主は、株の保有理由はお付き合いだとか、配当をもらうだけという感じ。だから、配当をベースに評価するんだ。原則的評価方式よりかなり低い数字になるはずだよ。

私の担当先は配当していないところが多くて……。
そうしたら株価は0ですか？

いや、無配の場合でも0にはならないような計算式になっているよ。

$$配当還元価額 = \frac{その株式に係る年配当金額}{10\%} \times \frac{その株式の1株当たりの資本金等の額}{50円}$$

$$\begin{array}{c}その株式に係る\\年配当金額\\(最低2.5円)\end{array} = \frac{直前期の配当金額＋直前々期の配当金額}{2} \div \frac{資本金等の額}{50円}$$

実際にいくらで売買するかは当事者間で決まる

非上場会社は上場会社みたいに時価がわからないから、財産評価基本通達で税務上の株価を計算してそれを時価としているわけだけど、取引価格は当事者間の合意が必要だから、取引価格が税務上の株価となるとは限らないよ。

？

個人間での低額譲渡は贈与

よくあるケースが、社長が息子に株を渡すときに、自分だって苦労して会社を大きくしたのだからタダであげるのは癪に障るけれど、あんまり高いのもかわいそうだと考えて、適当に値決めをして息子に売ってしまう。

その価格は財産評価基本通達で計算した株価よりもかなり低い額で、調査で発覚して大騒ぎになる、とかね。

調査で何が問題になるんですか？

税務上の株価より著しく低い価額で売買していたから、息子に贈与税。

個人が株を譲渡したら譲渡所得税じゃないんですか？

個人間の取引で低額譲渡は贈与になるんだよ（相続税法第7条）。

……そうか、非上場会社の株式は上場会社じゃないから、時価でのやりとりではないことも往々にしてあって、そうすると対価のない価値の移転部分は贈与、という話になりやすいのか。

低額譲渡……ここでの著しく低い価額は資産の時価の2分の1に満たない金額ですか？

それは法人に対する譲渡のとき（所得税法第59条第1項第2号、所得税法施行令第169条）で、個人間だと当てはまらないから、2分の1以上の額ならいいだろうというものでもないんだよ。

法人を見ているのに贈与税まで……。

法人の関与先ばかりだから資産税はいいや、とはならないんだよね。

☑ 買主が法人だと財産評価基本通達のままではない

個人間売買は株を取得する人が会社との関係が濃い同族株主なら原則的評価だけど、**個人が法人に売却する場合は、売る側の株主が同族株主かで考える。**買主が法人だともうひとつ気をつけないといけないことがあるんだ。

まだあるんですか？

個人間の取引の場合、財産評価基本通達で計算した株価を時価として考えるけど、**個人が法人に売却する場合は法人税基本通達で計算した株価を時価として考える。**

法人税基本通達？

☑ 法人税基本通達と財産評価基本通達の違い

法人への譲渡の場合は法人税基本通達を根拠に計算する。といっても財産評価基本通達をベースにしているよ。違うところを気をつければ大丈夫。

財産評価基本通達は含み益から負担すべき法人税相当額 37％ を控除してくれるけれど、法人税法上の株価計算でこの控除はない（法人税基本通達 9-1-14 (3)）。上場株式や土地の評価は当該事業年度終了の時の時価で評価する（同 9-1-14 (2)）。

こんなところも違うのか💧

財産評価基本通達だと会社の規模によって純資産価額と類似業種比準価額をミックスする割合が変わるけど、法人税基本通達だと会社の規模は常に小会社に該当するもの（法人税基本通達9-1-14（1））として純資産価額50%、類似業種比準価額50%で評価するよ。

株を所有する人によって株価の評価方法が変わるし、法人が購入するときは通達が変わる。通達の評価を離れて取引をすれば贈与が待っている。本当に中小企業の株ってコワイ🐌

5−3 中小企業の出口戦略

✔ 売れない株

中小企業の株はこわいんだ。株を動かすときは注意が必要。
社長はきちんと出口戦略を考えないといけないね。

出口戦略？

会社がうまくいけば、会社の価値、つまり株価は創業時の何倍に
も膨れ上がる。中小企業の株は相続財産。株主である社長が亡く
なったとき、とんでもない額の相続税が発生したりするんだ。

そうでした。中小企業の株は相続財産になるんですものね
（前著参照）。

せっかく法人成りして所得税から逃げても、相続税で取り返さ
れてツーペイみたいだなあ。

株は経営支配権だから、手放せないですしね。

株を手放す気があるなら楽なんだよね。最近は、上場企業が自
社の事業とのシナジー効果を狙って中小企業を子会社にする動
きもみられる。でも、手放したくないなら対策を考えないと。

事業承継税制の出番ですか？

それも選択肢の一つだね。社長は自分の会社をどうしたいのか、はやめに考えておく必要がある。子どもが継ぐのか、自分の代で終わりにするのか。血縁じゃなくても継ぐ人を探すのか、それに合わせて対策をしないと、残された方は大変。

事業承継税制って、どんな内容ですか？

✅ 事業承継税制とは

ざっくり言うと、非上場会社の株式を後継者が贈与又は相続等により取得した場合、一定の要件のもとに納税を猶予されて、後継者の死亡により、納税が猶予されている贈与税・相続税の納付が免除される制度。

猶予されて……免除される？

オーナー社長が後継者に株を贈与し、経営承継円滑化法に基づく都道府県知事の「認定」を受けると贈与税が猶予されて、オーナー社長の相続開始時に贈与税が免除される。

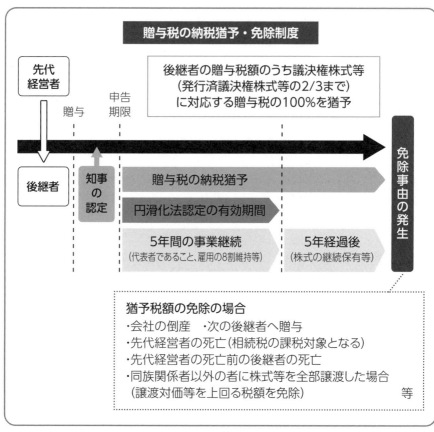

出典：経済産業省「中小企業経営承継円滑化法申請マニュアル
【相続税、贈与税の納税猶予制度】」

贈与されていた株は贈与時の価額でオーナー社長の相続財産に
組み込まれて、要件を満たせば相続税の納税猶予を受けられる。
このときは都道府県知事の「確認」を受ける。

贈与していなくて、
いきなりオーナー社長の相続が発生した場合は？

オーナー社長の相続申告のときに事業承継税制を適用して申告
するよ。

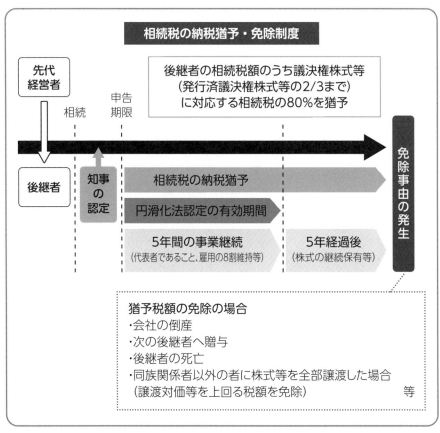

出典：経済産業省「中小企業経営承継円滑化法申請マニュアル
【相続税、贈与税の納税猶予制度】」

相続開始後申告期限までの10か月の間に知事の「認定」を受
ける必要がある。これは時間的に厳しい。贈与からの「確認」
の方が早いから、できれば贈与を受けておきたいところだね。

税金が免除されるなんてすごい制度ですね。お金持ち優遇みた
いで庶民としてはちょっとどうなのかな？　と思ってしまいま
すけど。

お金持ちも大変なんだよ。会社の株は現金化できない財産。後継者が相続税を負担しきれず会社からお金を借りて、会社が資金繰りに窮して立ち行かなくなってしまうこともあるし、株を分散させれば後継者の持株比率が落ちて経営に支障が出ることもある。

それはそうかもしれませんけど、相続税が重荷なのは地主さんもサラリーマンも同じですよね。どうして中小企業だけ特別な税制があるんですか？

株価が高いということは優良会社。優良な納税者がいなくなったら国家の損失だよね。その会社で働いている人の雇用も失われて、ひいては国力が弱まる原因にもなる。そこで、次の世代に上手にバトンタッチできるように創設されたんだ。

でも、あまり使われなかった。

✅ あまりにも使い勝手の悪すぎる事業承継税制

平成21年の税制改正で創設されたけれど、要件が厳しすぎて利用する人はほとんどいなかった。後継者が取得した株式に係る贈与税は100%、相続税は80%猶予されるけど、贈与・相続前から後継者が既に保有していた株式を含めて株式総数の贈与。3分の2が上限。

なんですか、その中途半端な数字は？　全部じゃないなんて。

会社の最高意思決定機関である株主総会は普通決議、特別決議と特殊決議の3種類。普通決議と特別決議での決定事項をコントロールできれば会社経営はほぼ安泰だけど、そのためには3分の2以上の株式保有が必要だから、そこまで面倒みてあげればいいでしょ、という考えだろうね。

株式総数の3分の2の80%を納税猶予ということは、全部の株を相続した場合、税額の約53%の納税猶予。半分弱の相続税はやっぱり負担しなくちゃいけないんですね。

このことと共に使い勝手を悪くしていたのが納税猶予の継続要件。申告期限後5年間の平均で雇用を8割維持しなければ適用されなくなり、免除していた税額と利子税を納付する必要があった。

雇用を維持してほしいから納税猶予を認めるわけで、気持ちはわかるんだけど、従業員数の少ない会社は大変ですよね。

4人の80%は3.2人。端数切り上げだと4人となる。納税猶予を受けたときに4人の従業員なら、ひとりでも辞めたら納税猶予が打ち切りとなってしまう。

それはひどいですね。人数の少ない会社は圧倒的に不利ですね。

平成29年度税制改正で端数切捨てとなったけれど、それだって4人の従業員なら2人辞めたらアウト。

小さい会社は怖くて使えないですね。

さらに、今回の新型コロナのようなことがあって会社が立ち行かなくなって会社を解散・譲渡するときも納税猶予打切り。猶予していた相続税と利子税を納付しなきゃいけない。

それなりの規模の会社も使えないかも……

そうこうしているうちに10年経ってしまって、
日本の経営者はさらに年齢を重ねてしまった。

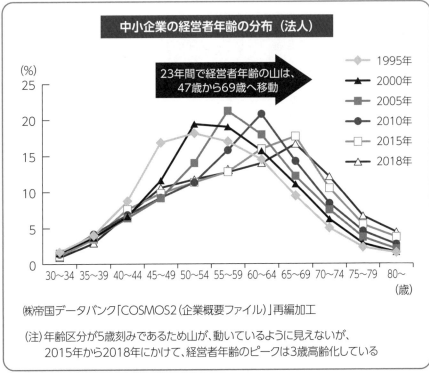

中小企業の経営者年齢の分布（法人）

23年間で経営者年齢の山は、
47歳から69歳へ移動

1995年
2000年
2005年
2010年
2015年
2018年

㈱帝国データバンク「COSMOS2（企業概要ファイル）」再編加工

（注）年齢区分が5歳刻みであるため山が、動いているように見えないが、
2015年から2018年にかけて、経営者年齢のピークは3歳高齢化している

（出典：2019年版「中小企業白書」）

✓ **「特例」事業承継税制**

このまま経営者が高齢化して事業承継がうまくいかなかったら
日本の中小企業が大量に廃業となり、まずいことになる。危機
感を覚えた国は、平成30年度税制改正で特例を作ったんだ。

特例措置と一般措置の比較

	特例措置	一般措置
事前の計画策定	5年以内の特例承継計画の提出 [2018年4月1日から 2023年3月31日まで]	不要
適用期限	10年以内の贈与・相続等 [2018年1月1日から 2027年12月31日まで]	なし
対象株数	全株式	総株式数の最大 3分の2まで
納税猶予割合	100%	贈与：100% 相続：80%
承継パターン	複数の株主から 最大3人の後継者	複数の株主から 1人の後継者
雇用確保要件	弾力化	承継後5年間 平均8割の雇用維持が必要
経営環境変化に対応した免除	あり	なし
相続時精算課税の適用	60歳以上の者から 20歳以上の者への贈与	60歳以上の者から 20歳以上の推定相続人・ 孫への贈与

（出典：経済産業省「中小企業経営承継円滑化法申請マニュアル
【相続税、贈与税の納税猶予制度】）

納税猶予の対象株式は3分の2までから全部となった。相続税
額の8割が納税猶予だったのが10割に拡大。雇用維持条件は、
8割を下回っても要件を満たせない理由を記載した書類を提出
することでOK、解散・譲渡のときに納税する税額は下がった
株価で再計算できることになった。

大盤振る舞いですね！

税制も使いやすくなったし、今回新型コロナで業績が悪くなった法人は株価も下がるし、本腰を入れて取り掛かるだろうから相談案件は増えるだろうね。

……株価が下がると相談案件が増えるんですか？　特例事業承継税制で贈与税・相続税が全額猶予、免除されるから高い株価でも問題なくないですか？

納税猶予制度は、まず**①納税猶予を受ける株も含めてすべての財産に対する相続税を算出。②後継者が自社株のみ相続したとして相続税額を算出して、③後継者のみ自社株を相続したとして計算した相続税額が猶予される**から、他の相続人にとって株価は低い方がいい。

①で後継者以外の納税額は決定するんですよね。

そう。納税猶予の恩恵を受けるのは後継者のみなんだ。

①納税猶予株を含めすべての財産に対する相続税額

長男
長女

③納税猶予対象額
長男納税額
長女納税額

②後継者が自社株のみ相続と仮定

長男
長女

後継者が自社株のみを相続したと仮定した税額を猶予するなんて、不思議な計算方法ですね。

168

独特だよね。途中で納税猶予が打切りになってしまったら怖い
し、少しでも株価は低い方がいいよ。

 ## 「特例」事業承継税制の注意点

注意点としては、特例事業承継税制は 2018 年 1 月 1 日から
2027 年 12 月 31 日までの期間限定の措置で、**2023 年 3 月 31 日**
までに特例承認計画の作成をして都道府県知事の認定を受ける
必要があること。認定がないと、さっき言った使い勝手が悪い
ままの「特例」のつかない制度の適用となる。

じゃあ急いで認定を受けないと。

いや、この制度を利用して大丈夫か見極める必要があるよ。後
継者が育っていて、経営能力に問題ないなら株の贈与をしても
いいだろうけど、そうではない場合、会社の危機を招いてしま
うからね。

？

オーナー社長がカリスマで絶大な影響力を持っている場合、従
業員は社長のファンなんだよね。「社長のために私はここで働い
ているのであって後継者のためではない」とはっきり言う人も
いる。後継者の実力がなかったら従業員も後継者も不幸になる。

 ## 税理士事務所が面倒見切れるかという問題もある

あとは引き受ける側、つまり僕たち税理士事務所側の問題も
あってね。

特例の場合は、まず事前の特例承継計画を策定して確認申請を受ける。贈与して知事の認定を受けたら贈与税の申告。

申告後、5年間は年に1回都道府県庁へ「年次報告書」、税務署へ「継続届出書」を提出。6年目以降は3年に1回税務署へ「継続届出書」を提出。これをどれか忘れると納税猶予打切りとなってしまう。

 担当が代わったらわからなくなりそう。

そうなんだよね。会社の方で要件に合致しなくなって猶予打切りならまだしも、税理士事務所が原因で納税猶予打切りになってしまったら目も当てられない。

 それは怖い🍂

オーナー社長の相続開始が10年後、20年後になることだってあるわけで、そのときまで請け負った税理士が現役かどうかもわからないし……。

 長丁場ですね……🍂

そもそも、事業承継税制は株価が高過ぎて納税負担が大き過ぎるから受けるのであって、そうすると猶予打切りになった場合のリスクが半端ないということになる。

 ちょっと請け負うのは怖いです。

さらに、今回創設された特例でさえ事業承継が進まなくて、もっと有利な制度ができてしまったら？　今回の特例を利用して、新制度に乗換えが可能になるとは限らない。

うーん。

そんなこんなで、事業承継は受けない、としている税理士もいるくらい。

わかる気もする。

でも、税理士が提案してあげないと本当に事業承継は進まないと思うんだよなあ。引き受けるにしても月次の片手間ではとてもじゃないけどできないから確かに負担だけど、日本の中小企業を守るのは税理士事務所の役目だと僕は思っているから。

それに、事業承継は他の税理士に依頼する、となってそのうち月次顧問も……なんてなっても困るしねえ。

✓ 税金だけを考えては事業承継はうまくいかない

とはいっても事業承継は社長と後継者がお互いにその気にならないと進まない。生涯現役という社長もいるし、後継者の経営能力にまだ不安が残る場合もある。税理士事務所としては、そのあたりの空気を読みながら提案していく感じになる。

めっちゃ高度だな

辞める辞めると言いながらずっと辞めない社長って実際にいるし。

いらっしゃいますね、そういう社長さん（笑）。

よくよく聞いてみると、単に仕事がしていたいだけという社長もいるんだ。その場合、事業承継税制を使っても有給役員で会社に残れることを伝えてあげると、事業承継に向けて急激に走り出したりすることもある。

なるほど、まず社長の希望を知ることが大切ですね。

そう。だから税理士事務所スタッフにはコミュニケーション能力が必要なんだよ。

本当にそうですね。

納税額が0になるなんてとても魅力的に思える制度だけど、社長が株式をお金に換えたいと思っている場合、事業承継税制は使えないし、遺留分の問題もある。事業承継税制は使えたらラッキーくらいに考えておくほうがいいかもね。

第6章

税金にまつわるニュースを
語れるようになる

6−1 脱税と所得隠しの間にある溝

☑ 脱税と所得隠しの違い

少し前にお笑い芸人さんの無申告、申告漏れのニュースが話題になったね。社長は時事ネタにも敏感な人が多いから、税金系のニュースはちゃんと押さえておいた方がいい。

確か、複数年にわたり無申告、本税追徴課税合わせて3,700万円を納付したとかニュースでやってましたね。

報道では、「所得隠し」って言っていましたけど、「脱税」とは違うんですか？

売上1,000万円を抜いたら一般的に脱税というけれど、ニュースで脱税というときはマルサによって検察庁に告発された場合なんだよ。まずニュースでの「脱税」から説明しよう。

「脱税」の構成要件は法人の場合、法人税法第159条第1項に定められている。

法人税法第159条第1項

偽りその他不正の行為により、……法人税を免れ、又は……法人税の還付を受けた場合には、法人の代表者……でその違反行為をした者は、10年以下の懲役若しくは1,000万円以下の罰金に処し、又はこれを併科する。

故意に税負担を免れた場合、法人税法違反となり、刑事罰が科される。故意は意識的にくらいに思ってもらえるといいかな。

10 年以下の懲役か 1,000 万円以下の罰金か、又はその両方ですか。懲役があるなんて 🎵

それが「脱税」に対する刑だね。身体拘束をする刑が待っているから、つい出来心で的な額の小さなものまで脱税と扱うのは重過ぎる。重い刑だから「故意」であることが要件とされているよ。お笑い芸人さんが会見で話した申告しなかった理由を覚えている？

「想像を絶するだらしなさ」でしたよね、すごい理由だなあと笑いましたよ。

あれは、「僕は故意じゃない、脱税、つまり法人税法違反をするつもりはなかった」って言っているんだよ。

……故意に税負担を免れた場合、法人税法違反になってしまう、もしかして懲役も？　だから「だらしなさ」だと主張したんですね！

すごいな、よく思いついたなあ。

たぶん、いい弁護士がついていたんじゃないかな。

さすが売れっ子ですね。

☑️ 報道での表現

報道機関が「所得隠し」という表現を使うときは、重加算税が課される事案のときみたいだね。ジューカと言ったりするんだけど。

所得隠しが重加算税……法人税法違反とは違うんですか？

重加算税は刑事告発されていない、いわば税務署マター。納税者の故意の立証までは要求されていなくて、その原因となる仮想隠蔽行為をしたら課されるんだ。

仮想隠蔽とは？

「法人税の重加算税の取扱いについて（事務運営指針）」では、**二重帳簿を作成**したり、**帳簿書類の隠匿、虚偽記載等**を例に挙げているね。

法人税を免れたいから意図的に
仮想隠蔽をするんだと思うんだけど……。

重加算税を課されただけでは法人税法違反とはいえないんですか？

脱税したいから故意に仮想隠蔽する訳で、重加算税イコール法人税法違反だと思うけど、税務署に捜査権限はない。仮想隠蔽によって税務署が賦課する重加算税は国税通則法に定められた行政処分。税務署は法人税法違反で刑事罰を与えることはできない。

税務署に捜査権限はない……。だから故意かどうかではなく、二重帳簿作成の事実があれば行政処分を行えるようにしてあるんですね。

税務署の調査はあくまでも任意で、取調べはできない。悪質な脱税者に対して捜索や差押えなどの強制捜査ができて刑事責任を追及するのは国税庁査察部。マルサだね。

査察制度

実務上、**法人税法違反、所得税法違反**など「脱税」として告発
されるケースは、不正加担先（共犯者）がいたりして大掛かり
で悪質なもの、脱税額1億円以上のもの。最近は1億円未満の
ことも増えてきたみたいだね。

脱税でも、額が小さいと行政処分の重加算税止まりということか。

悪質じゃないと罰せられないって、
なんとなく納得いかないというか。

それは、法人税法違反に対する刑が身体的拘束を含んでいるか
らだろうね。それとすべての脱税事案を追いかけるほどマンパ
ワーがないから、**一罰百戒**を狙っているのもあるよ。

一罰百戒？

国税庁ホームページには査察の概要として、「査察制度は、悪
質な脱税者に対して刑事責任を追及し、その一罰百戒の効果を
通じて、適正・公平な課税の実現と申告納税制度の維持に資す
ることを目的としています。」との記載をしているんだ。

すごいな、国税庁が公開処刑だって言ってる

脱税と所得隠しの表現は告発が分かれ目

報道機関が脱税関連の報道をするときは、国税局が脱税事件を
検察庁に告発すると「脱税の疑いがある」として報道している。

告発されたかどうかが分かれ目なのか。

報道機関が、告発されていないのに脱税と表現してしまうと、被疑者扱いしたとバッシングされてしまうおそれがある。重加算税止まりで告発されていないなら「所得隠し」だね。

そういえば、税理士の脱税事件がありましたよね。報道機関は「脱税したとして東京国税局査察部に刑事告発されました」と表現していましたよ。

税理士は取材に対して「心よりおわび申し上げます」って言っていたらしい。故意を認めたってことか。

完璧に黒だね。もう税理士を廃業したと報道されていたけれど……同じ税理士としては非常に残念な事件だよ。

✅ 有名税？

たまに**「申告漏れ」「見解の相違」**で修正申告を済ませたという報道もありますよね。この間も実業家本人と彼の資産管理会社の申告漏れの報道があったし。

5億円の家事消費分の話ですね（第4章参照）。「申告漏れ」はうっかり忘れただけだし、「見解の相違」は課税庁と納税者の意見が一致しなかったのであって、仮想隠蔽ではないですよね。悪いことをしていないのになぜ報道されるのかしら？

一種のイメージコントロールだろうなあ。課税庁が調査できる件数には限りがあるから、国民に自主的に正しく申告納税をしてほしい。ごまかそうとしてもなんでもお見通しだぞと思わせたいからだろうね。

ああいう報道を見ると、修正申告がなんだか悪いことのように感じますよ。

それを狙っているんだと思うよ。勘違いやうっかりミスとかであって仮想隠蔽ではないのに修正申告が報道されるのは、あれは有名税だね。

有名税？

大企業や政治家、芸能人の修正申告事案をマスコミへリークすることで、「課税庁はなんでも知っているんだな、見ているんだな」と思うでしょ。それをみた国民が正しく納税しようと思うだろうからね。

確かにどこかの中小企業の修正申告より有名人の修正申告事案の方が目を引くかも。

報道での用語と税法の用語が違うことは理解できました。でも、私、加算税がいまいちわからないんですけど……。

実は僕も

次は加算税について説明しようか。

6-2　加算税と重加算税

✅ 間違えていた場合に課される税金は

本来納税すべき税額より小さく申告していたような場合、本税の追加納付に加えて「加算税」というペナルティが発生する。また、納付が遅れたことによる遅延損害金に相当する「延滞税」を納める必要がある。これらを「附帯税」というんだ。ニュースでは追徴課税と表現される。

✅ 過少申告加算税は「調査の通知」を受けたあとから発生する

加算税は課される理由と修正申告等の時期によって税率が変わる。納税者が自分で間違いに気づいて修正申告をした場合、追加の本税と延滞税はかかるけれど加算税はかからない。

自分で間違いに気づけばペナルティはないんですね。

そう。ただし、税務調査の通知を受けた時以降の修正申告は「過少申告加算税」が課されることになるよ。

調査の通知とは？

①実地の調査を行う旨、②調査の対象となる税目、③調査の対象となる期間の3項目の通知のことだね。

過少申告加算税の税率

過少申告加算税の税率は、税務調査の通知前の修正申告は0%、通知後「更正等予知」前までの修正申告なら5%。納付額が期限内申告税額と50万円のいずれか多い額を超える部分は10%となる。

 「更正等予知」って何ですか？

更正等予知は、調査で調査官から間違いを指摘された時と考えるといいかな。

 調査で間違いを指摘された時。

そう。更正等予知後、つまり間違いの指摘後であれば10%で、期限内申告税額と50万円のいずれか多い額を超える部分は15%となる。

過少申告加算税

修正申告等の時期	過少申告加算税
法定申告期限等の翌日から調査通知前まで	対象外
調査通知以後から調査による更正等予知前まで	5%〔10%〕
調査による更正等予知以後	10%〔15%〕

(注) 1 〔 〕書きは、加重される部分（期限内申告税額と50万円のいずれか多い額を超える部分）に対する加算税割合を表します。
   2 更正等を予知してされたものである場合には、調査通知の有無にかかわらず、加算税（調査による更正等予知以後の加算税割合）が賦課されます。

（出典：国税庁ホームページ）

 無申告加算税

申告期限を過ぎてしまってから納税者が自主的に申告するのは「期限後申告」。そもそも申告すらしていなかったことが税務調査で発覚した場合、「決定処分」を受けることになる。この場合に課される加算税を「無申告加算税」というよ。

無申告加算税の税率は税務調査の通知前の申告は5%、通知後更正等予知前までの期限後申告なら10%、50万円を超える部分は15%。更正等予知後は15%、50万円を超える部分は20%だよ。

過少申告加算税よりも5%ずつ高いんですね。

無申告加算税	
修正申告等の時期	無申告加算税
法定申告期限等の翌日から調査通知前まで	5%
調査通知以後から 調査による更正等予知前まで	10% 〔15%〕
調査による更正等予知以後	15% 〔20%〕

(注)　1　〔　〕書きは、加重される部分（50万円を超える部分）に対する加算税割合を表します。

　　　2　更正等を予知してされたものである場合には、調査通知の有無にかかわらず、加算税（調査による更正等予知以後の加算税割合）が賦課されます。

（出典：国税庁ホームページ）

☑ 不納付加算税

源泉所得税を期限までに納付しなかった場合は「不納付加算税」が課される。これは更正・決定等の予知がなかった場合は5%、予知があった場合は本税の10%となるよ。

あれ、こないだ納期限過ぎてしまったお客さん、加算税ついてなかったですよ？

すぐに納付したんじゃないかな？　**納税告知処分を受ける前、法定納期限から1か月以内に納付すれば不納付加算税は不適用**となるからね。それか、金額が小さかったのかな。**源泉所得税の不納付加算税は5,000円未満が切捨て**になる。

☑ 重加算税

過少申告加算税、無申告加算税、不納付加算税が課せられる場合において、仮装隠蔽の事実がある場合に課せられる附帯税が重加算税。

ジューカ、ってヤツですね。

そう。**重加算税というのは過少申告加算税等に代えて課される**もので、これらと同時に課されることはない。

上乗せじゃないんですね。

たまに両方って思ってる人もいるから気をつけてね。過少申告加算税に代えて課される重加算税率は35％、無申告加算税に代えて課される重加算税率は40％、不納付加算税に代えて課される重加算税は35％。

すごい率ですね。

期限後申告や修正申告をした納税者が過去5年以内に同じ税目に対して無申告加算税又は重加算税を課されていた場合、それよりも税率が上がるんだ。

短期間に繰り返して無申告又は仮装・隠蔽が行われた場合の加算税の加重措置

加算税の区分	期限後申告等があった日前5年以内に同じ税目に対して無申告加算税又は重加算税を課された（徴収された）ことの有無	
	無	有
無申告加算税	15% 〔20%〕	25% 〔30%〕
重加算税 （過少申告加算税に代えて課されるもの又は不納付加算税に代えて徴収されるもの）	35%	45%
重加算税 （無申告加算税に代えて課されるもの）	40%	50%

（注）〔 〕書きは、加重される部分（50万円を超える部分）に対する加算税割合を表します。

（出典：国税庁ホームページ）

これに加えて告発されてしまえば刑事罰もある。
だから脱税は割に合わないっていわれるんだよ。

6-3 　延滞税と延滞税の特例

 延滞税

加算税とセットでくるのが延滞税。例えば、3 年前の申告について調査で指摘されて修正申告をした場合など、法定納期限から時間が経過した分の遅延損害金に相当する税金のことだよ。

加算税の他にも払うのかあ。

国税は延滞税というけれど、地方税は延滞金という名前になる。

名前が変わるんですね。

 延滞税の割合

延滞税の割合は、納期限の翌日から 2 か月を経過する日までは原則として年「7.3％」と「特例基準割合 +1％」のいずれか低い割合となるんだけど、特例基準割合が低いから 7.3% の出番はここ最近はなくて、図表 1 の①となるよ。

トクレイキジュンワリアイってなんですか？

特例基準割合は、国内銀行の貸出約定平均金利の年平均に 1％を加算した割合のことだよ。

カシダシヤクジョウヘイキン……？

貸出約定平均金利は、銀行や信用金庫が個人や企業に資金を貸し出す際の金利を平均したものだね。

市場平均金利みたいな感じですか？

そんな感じかな。納期限の翌日から2か月を経過した日以後は原則として年「14.6％」と「特例基準割合＋7.3％」のいずれか低い割合だけど、これも特例基準割合が低いから14.6％の出番はなくて、図表1の②になるよ。

今は金利低いですもんね。

平成26年を例にすると、特例基準割合が1.9％だったから納期限の翌日から2か月を経過する日までは2.9％、それ以降は1.9％＋7.3％で9.2％となる。

図表1

期間	割合	
	①	②
平成26年1月1日から平成26年12月31日	2.9%	9.2%
平成27年1月1日から平成27年12月31日	2.8%	9.1%
平成28年1月1日から平成28年12月31日	2.8%	9.1%
平成29年1月1日から平成29年12月31日	2.7%	9.0%
平成30年1月1日から平成30年12月31日	2.6%	8.9%
平成31年1月1日から令和元年12月31日	2.6%	8.9%
令和2年1月1日から令和2年12月31日	2.6%	8.9%

(出典：国税庁ホームページ)

図表2

【具体例】

法定申告期限　R1.5.31
修正申告日　　R2.5.31
修正納付税額　100万円

	令和元年								令和2年				
	5月	6月	7月	8月	9月	10月	11月	12月	1月	2月	3月	4月	5月
日数		61日		153日					152日				
		①		②					③				
延滞税率		2.6%		8.9%					8.9%				

①最初の2か月　100万円（1万円未満端数切捨）× 2.6% × 61日/365日＝ 4,345円（円未満切捨）

②2か月以降R1年中　100万円× 8.9% × 153日/365日＝ 37,306円

③2か月以降R2年中　100万円× 8.9%× 152日/366日＝ 36,961円

合計①＋②＋③＝ 78,612円→ 78,000円（100円未満切捨）

法定申告期限から1年後に修正申告をして、本税の追加納付が100万円だった場合どうなるかを計算したのが図表2だよ。

 延滞税、78,000円ですか、高いですね！
通常の税務調査は3年分っていうじゃないですか。申告から3年後に調査に来てこの率で3年分取られたら痛すぎますよ。

☑ 延滞税の特例

実は、延滞税には特例があって、延滞税の計算は法定納期限から1年でストップするんだ。

特例ですか？

税務調査の時期は税務当局の事務都合で左右されるのに、税務調査の時期が遅れた納税者がその分の延滞税を支払うのは不公平なので、延滞税の特例が設けられている。**3年後に税務調査が来たときに、3年分延滞税がかかるわけではなく、1年分となる**んだよ（下記図表参照）。

延滞税の特例

【前提】
申告期限：平成 28 年 5 月 31 日
修正申告日：令和 2 年 3 月 31 日

平成 28 年									平成 29 年				
4月	5月	6月	7月	8月	9月	10月	11月	12月	1月	2月	3月	4月	5月
		61 日		153 日					151 日				
		2.8%		9.1%					9.0%				

平成 29 年							平成 30 年	令和 元年	令和 2 年			
6月	7月	8月	9月	10月	11月	12月			1月	2月	3月	4月

期限後 1 年経過後は延滞税の計算期間に含めない
← →

ああ、よかった。

ただし、**重加算税に該当する場合には、この延滞税の特例は適用がない**から注意が必要だね。

ジューカには厳しいんですね。

修正申告を提出すると、また延滞税の計算がスタートするから、修正申告書提出と納税は同時の方がいい。僕はお客様が納付したのを確認してから修正申告書を提出しているよ。

6-4 租税回避って何?

素朴な疑問なんですけど、租税回避って何ですか?
脱税や節税との違いがよくわからなくて。

脱税と租税回避と節税。税金を払わないようにしているというのはわかるけれど、違いがいまいちわからないなあ。

まず、租税回避の定義からいこうか。
法律上明確な定義があるわけではないけれど。

租税回避と節税の違い

租税回避は税金逃れだ、けしからん、と課税したくとも、法に違反していないから課税できないんだ。

「私法上の形成可能性を異常または変則的(「不自然」)な態様で利用すること(濫用)によって、通常用いられる法形式に対応する税負担の軽減または排除を図る行為」(金子宏著「租税法<第22版>」)

勇気を持って意訳すると、税法の抜け穴をついて税金から逃れること、かな。法に違反していないから脱税じゃないし、法が予定している範囲で税負担の軽減を図る節税とも性質が違うんだ。

租税回避は、税法の抜け穴をついているということは法律違反じゃない、ということか。

節税は法が予定している範囲で税負担の軽減を図ることだから、これも法律違反ではないのね。

 でも、抜け穴をついて税金から逃れている人を見たらズルい、と思ってしまうけどなあ。

日本は租税法律主義

日本は「租税法律主義」という立場を取っていて、国民はどういう場合に課税されるということを法律によってあらかじめ知っていないとならない。

> 第 30 条　国民は、法律の定めるところにより、納税の義務を負ふ。
> 第 84 条　あらたに租税を課し、又は現行の租税を変更するには、法律又は法律の定める条件によることを必要とする。

この規定があるおかげで国民は、どのような場合にいくら税金を課されるのかを事前に知ることができる（予測可能性）。

また、課税庁は文章として書かれた法律に基づいてしか課税できないから、課税庁の行き過ぎた課税権の行使に歯止めがかけられる（法的安定性）。

もし、憲法にこの規定がなかったら、課税庁がこいつはいけ好かないから課税してやれ、と好き勝手にできてしまうんだ。それじゃ困るでしょ？

 確かに。

☑ 租税回避は「租税法律主義」を逆手に取っている

租税回避は法で定めていない部分をうまく突いて税から逃れているから、課税することができない。課税庁は課税したくてなんとか理屈をこねまわしたりするんだけど。

でも、それは課税できないんですよね？

そうなんだ。租税回避の有名な訴訟で武富士事件と呼ばれる平成23年2月18日の最高裁判決があるけれど、国が敗訴しているよ。

武富士事件

　大手消費者金融・武富士の創業者が、息子に武富士株が資産の8割を占める海外法人の株式1,000億円以上を贈与した、という事件です。

　当時の税制では、日本に住所を有しない個人の国外財産に、贈与税は課税されませんでした。この制度を利用して、息子の海外居住の実態を人為的に作って贈与をし、贈与税が課税されないものと主張したのです。税務当局はこれを無申告であると処分し、最高裁までもつれ込む事件となりました。

　訴訟では、香港と日本の両方に居宅があった息子の「住所」がどこだったかが争われました。最高裁判決では、仕事以外も含めた香港での滞在日数の割合は約65％、国内滞在の割合は約26％だったとして「生活の本拠は香港」と認定され、「税回避が目的でも客観的な生活実態は消滅せず、納税義務はない」とされました。

　判決が出たのは、この贈与が無申告であると税務当局の処分があった平成17年から、実に6年も経過した平成23年でした。

租税回避への対応

最高裁が認めてしまうなんて、租税回避は野放しなんですか？

いや、武富士事件でも、後日、税法が改正されたよ。いろいろ思うところはあるけれど、租税法律主義を採っている以上、なにか問題があったら立法にて対処するしかない。

納税者を勝たせたものの、最高裁としても武富士事件の結論を是としているわけではなく、「法の解釈では限界があるので、そのような事態に対応できるような**立法によって対処すべき**ものである」といっている。

法律ができるまでは抜け穴を探した人が得をする。やっぱり頭の良い人が勝ちなんだ。

それでも一応、法人税法、所得税法、相続税法には同族会社の行為計算の否認という規定があって、同族会社では非同族会社に比べて租税回避が起きやすいから、税務署長にそれを正す権利を与える規定があるんだけど。

条文の「同族会社の行為計算」とか「税負担の不当減少」といった言葉の解釈で課税庁と納税者の間で争いが絶えない。だから課税庁も使いにくくてあんまり機能しているともいえなくてね。

法律を作るときに抜け穴があるって思いつかないのかな？

立法者もあらゆる想定をして法律を作っていると思うんだけど、その上を行く方法を考え出す人がいるんだよね。世の中には頭の良い人がいっぱいいる。消費税の課税事業者判定要件がいい例だね。消費税法には行為計算の否認規定はないし……。

ああ、あれか。試験のとき、めちゃくちゃ苦労しましたよ。

？

次は、租税回避と課税事業者判定を説明しようか。

6-5 　増え続ける消費税課税事業者判定要件

 険しい険しい免税への道

> 租税回避を理解するにはこれが一番。消費税が課税事業者になるのか、毎期判定をするわけだけど、この判定要件は年々増え続けている。

> これ、試験のときに本当に苦労したなあ 💦

> そんなに難しいの？

> 前に説明したときは、まだ難しいかと思って途中までしか説明していなかったんだ（前著参照）。今日はフルバージョン。規定ができた理由を知れば理解できるよ。

消費者課税事業者判定フロー

①　課税事業者選択届出書を提出している？	→ **はい** →	課税事業者
	→ いいえ →	②へ
②　基準期間がある？ ない……期首の資本金が1,000万円以上？ ある……基準期間の売上が1,000万円超？	→ **はい** →	課税事業者
	→ いいえ →	③へ
③　特定期間の課税売上高と給与支払額の両方が1,000万円超？	→ **はい** →	課税事業者
	→ いいえ →	④へ

| ④　強制課税事業者、本則課税で調整対象固定資産を取得した期の初日以後、3年未経過 | → | はい | → | 課税事業者 |
| | → | いいえ | → | ⑤へ |

| ⑤　課税事業者、本則課税で高額特定資産を取得した期の初日以後、3年未経過 | → | はい | → | 課税事業者 |
| | → | いいえ | → | ⑥へ |

| 【令和2年度税制改正】⑥　免税事業者→課税事業者となって高額特定資産である棚卸資産の調整措置の適用を受けた期以後3年未経過 | → | はい | → | 課税事業者 |
| | → | いいえ | → | 免税事業者 |

①は言わずもがなだよね。消費税課税事業者選択届出書を提出した場合には、提出した期の翌期から2年間、課税事業者。2年間は免税事業者となることはできない。

②の基準期間のない場合に該当するのは、設立から2年以内の新設法人。期首に資本金が1,000万円以上の場合、課税事業者。資本金が大きいということは担税力があるとみなされているからだったよね。

☑ なぜ給与支払額がチェック要件となったのか

③は、平成23年度税制改正で作られた規定だよ。人材派遣会社が使っていた租税回避スキームなんだけど、計画的に会社を作り、この免税事業者である新設法人（資本金1,000万円未満の免税事業者）に外注費を支払うという形で仕入税額控除を行い、2年経過後、次の法人を立ち上げ、既存の会社をつぶすことを繰り返していたんだ。

人材派遣会社は主な経費が人件費（不課税）のため、仕入控除税額が小さくて、納税額が多額になりますもんね。

 この租税回避スキームをつぶすために特定期間の給与支払額が判定基準に入ることになったんですよね。

そう。課税売上高か給与支払額どちらかが1,000万円を超えているなら課税事業者となることもできる。両方が超えていたら必ず課税事業者だけど、どちらかだけなら免税、課税、有利な方を選べる。

☑ 自動販売機スキーム封じ

④は、平成22年度税制改正の自動販売機スキームと呼ばれるアパート建築時の還付スキーム封じ。松木さん、この場合の仕入控除税額はいくらになる？

課税売上 1,100円（仮受消費税 100円）
課税仕入 880円（仮払消費税 80円）

 この場合、80が仕入控除税額でしたよね。

そう。でも、実際は課税売上割合だったり、簡易課税を選択したりとかで仕入控除税額は仮払消費税の額そのものではなくなるんだ。

 簡易課税だと仮払消費税の額そのものではなくなる？

簡易課税は課税売上の額と業種から簡易的に仕入控除税額を計算するから「簡易課税」っていうんだよ。だから、仮払消費税の額とはならない。

 あ、そうね。課税売上の額と事業区分で納税額の計算ができてしまうものね。

個別対応方式と一括比例配分方式

当期の課税売上高が5億円以下、かつ、課税売上割合が95％以上なら、さっきの100-80＝20円納付でOKだけど、課税売上割合がそれ以下の場合だと2パターンの計算方式があってね。

消費税法は仮受消費税から差し引くのは課税売上に対応する課税仕入の仮払消費税だけにしたい。その計算方法は2つあって、どちらを選んでもいい。竹橋くん、個別対応方式は？

 個別対応方式は課税売上に対応する課税仕入の仮払消費税だけを仮受消費税から控除する。

そうだね。**一括比例配分方式は、課税仕入に係る消費税額に課税売上割合をかけた額を仮受消費税から控除**するよ。課税売上割合をかけることで課税売上に対応する分だけを控除させているんだ。

課税売上 1,100（税込）非課税売上 1,000 課税売上割合 50％
課税売上にのみ対応する課税仕入れ 550（税込）
非課税売上にのみ対応する課税仕入れ 880（税込）

個別対応方式	一括比例配分方式
100 − 50 ＝ 50	100 −（50 ＋ 80）× 50％＝ 35

この例だと一括比例配分方式の方が納税額が少なくて有利ですね。

個別対応方式で申告してしまったらトラブルになることもある。あと、一括比例配分方式は一度選択したら2年間は強制適用だから気をつけないとね。

消費税は顧客から訴えられることも多いっていいますよね。

怖い💧消費税法勉強しよう。

✅ 課税売上割合を操作することで高額な還付が可能

恣意的に課税売上割合を高くして、一括比例配分方式を使って消費税の還付を受けるという手法が昔流行ってね。

？

アパートの賃料収入って、消費税は？

非課税です。

初めてアパートを建てる場合、課税事業者選択届出書を提出し、自動販売機を設置して課税売上を確保するんだ。アパート完成を期末にし、賃貸開始を翌期にすると課税売上はあるけど非課税売上は？

アパートの賃貸が開始していないから非課税売上はありません。

そうだね。課税売上割合は？

自動販売機の売上だけだから、100% です。

課税売上 132,000 円（税込）非課税売上 0　課税売上割合 100%
課税売上にのみ対応する課税仕入れ　55,000 円（税込）
非課税売上にのみ対応する課税仕入れ　55,000,000 円（税込）

個別対応方式

12,000（132,000 × 0.1 ／ 1.1）− 5,000（55,000 × 0.1 ／ 1.1）
= 7,000 円（納付）

一括比例配分方式

12,000 −（5,000 + 5,000,000（55,000,000 × 0.1 ／ 1.1））× 100%
=△ 4,993,000 円（還付）

✅ 調整対象固定資産とは

一括比例配分方式すごい！　すごいけど、なんかこれズルい気が 🍃

でも、3 年で取り返されてしまいますよね。

そう。課税売上割合を操作できることに立法者も気づいている
から、**調整対象固定資産を購入後、3 年間の通算課税売上割合
が著しく変動した場合は、3 年目の仕入控除税額の調整を必要
とする規定が設けられている**よ。

調整対象固定資産？

棚卸資産以外の資産で税抜金額 100 万円以上の固定資産のこと。この調整をする固定資産だから「調整対象固定資産」。別に特別な固定資産なわけじゃなくて。

 あと、通算課税売上割合って？

 仕入課税期間から第 3 年度の課税期間までの各課税期間中の総売上高に占める課税売上高の割合。

 通算課税売上割合は 3 年の平均ね……そうすると、アパートを建てた年の課税売上割合より低くなりますね。

そう。自動販売機とアパート賃料売上だとかなり通算課税売上割合は下がるよね。通算課税売上割合を例えば 30% として、さっきの例で計算すると。

$$5,005,000 \times 100\% - 5,005,000 \times 30\% = 3,503,500 \text{ 円}$$

3 期目の仕入控除税額から 3,503,500 円を控除しなければならなくなる。

 ？

 調整対象固定資産を仕入れた期の課税売上割合で計算した金額から、通算課税売上割合で計算しなおした金額の差額を 3 期目の仕入控除税額から控除する必要があるってこと。

 通算課税売上割合で計算した金額を超える分は還付しすぎとして取り返されるのね。

平成 22 年度税制改正

平成 22 年度税制改正の前は、この 3 年目の調整措置が機能していなかった。還付を受け、強制課税事業者期間である 2 年を過ぎた 3 期目に免税事業者となることができたから仕入控除税額の調整を受けなくて済んでいたんだ。

 強制課税事業者期間って何ですか？

課税事業者選択届出書を提出した期の翌期から 2 年間、又は資本金 1,000 万円以上の新設法人のことだよ。平成 22 年度税制改正前はこの強制課税事業者期間を過ぎると調整対象固定資産を取得していても免税事業者になれたんだ。

平成 22 年度税制改正の前

X1 期の課税事業者選択届出書を提出
【X1 期目】
アパート建築開始
自動販売機設置、課税売上計上開始
アパート期末に完成、還付
X2 期の簡易課税制度選択届出書を提出
【X2 期目】
アパート賃貸開始
簡易課税にて消費税納付
X3 期の課税事業者選択不適用届出書を提出
【X 3期目】
免税事業者
消費税納付なし

 還付もらい逃げ（笑）

３年目の調整、出番ないじゃないですか。

平成 10 年代はこの還付スキームがセオリーだったんだよ。このスキームを知らないで還付を逃すと顧客から訴えられたりしたし、アパート建築中のお客さんのところには他の税理士事務所から「還付が受けられることを知っていますか？」とか手紙がきちゃうしさ。

ひええ🍃

この自動販売機スキームが問題視されて、**強制課税事業者である期間に調整対象固定資産を購入した場合、購入した期以後 3 年間、本則課税での申告が義務**付けられ、調整対象固定資産を購入した期に比例配分法（※）で計算している場合には第 3 年度目の課税期間において課税売上割合の変動による税額調整の是非を検討しなきゃいけないことになった。

※比例配分法…下記のいずれかの方法による仕入控除税額の計算のこと。
　①個別対応方式の場合、調整対象固定資産を共通業務用として区分すること。
　②一括比例配分方式
　③課税売上割合が 95% 以上となったことによる全額控除

✔ 平成 22 年度税制改正の抜け穴封じ

⑤は④にまだ穴があったため、それをふさいだものだよ。

まだ穴があったんですか。

課税事業者を選択して2年寝かせて強制課税事業者期間を抜けた3期目以降に調整対象固定資産を取得すれば④のスキームが使えてしまっていた。

本当に、なんとかして消費税を納めないで済む方法を見つけ出そうとするんだ（笑）。

平成28年度税制改正で、強制課税事業者でなくとも**本則課税事業者である期に高額特定資産を取得した場合には、取得した期を含め3年間は本則課税が強制**されることになったんだ。

高額特定資産とは？

一の取引の単位につき、課税仕入れに係る支払対価の額（税抜き）が1,000万円以上の棚卸資産又は調整対象固定資産だよ。

確かに1,000万円は高額だわ。その通りのネーミングなのね。

 令和2年度税制改正

令和2年度税制改正でさらに増えたよ。免税→課税事業者になった期に、免税期間に仕入れた棚卸資産に係る消費税額を課税事業者になった課税期間の仕入税額控除の計算に含めるとする棚卸の調整措置があるでしょ？

免税事業者のときに仕入れた棚卸資産の消費税を課税事業者になったときに仕入控除税額に加算する、ってヤツですね。

そう。これを適用して仕入税額控除をしたのち、免税事業者となり免税期間中に調整を受けた棚卸資産を売却した場合、調整を受けた棚卸資産に対応する売上の消費税を負担していないことになる。これが問題視されて、令和2年度税制改正で改正が入った。

わ、そうなんだ、僕が試験を受けたときはなかった。

高額特定資産である棚卸資産を免税期間に取得していて、その棚卸資産について調整措置を適用している場合には、3年間免税事業者になることはできないとされた。これは令和2年4月1日以降に棚卸資産の調整措置を受けた場合に適用されるよ。

税制改正って大事ですね。

もうひとつ令和2年度の改正があって、金地金の売買を繰り返すことで課税売上割合を意図的に引き上げて還付を受ける方法が流行してね。

金地金ですか?

金の売買を繰り返すんだ。100万円購入して、その100万円分を売却して、また購入する。そうすると、課税売上が増加する。100万円の売買を100回繰り返せば1億円の課税売上のできあがり。

確かに売買を繰り返せば課税売上割合は大きくなりますね。

非課税売上がすでにある場合でも、
高額な還付が可能となるわけですね。

それで、令和2年度税制改正で居住用賃貸建物に係る課税仕入等の税額は仕入税額控除の対象としないとされたんだ。一応、のちに課税賃貸用にした場合の手当はされているけれど。

もう本当にアパートの還付スキームは封じられたんですね。しかし、消費税って抜け穴を見つけて、その穴を封じての繰り返しだなあ。

租税回避は法に反しているわけではないから、税務署も調査で問題にできないし、租税回避のスキームが出てきたら立法でふさぐしか方法がない。頭のいい人はたくさんいるよね。

それをやらないと顧客から訴えられるって……
どうなんでしょうね。

☑ 新型コロナの影響で　免税事業者⇔課税事業者が可能に

ここまでは平時の消費税納税義務の話。平時の予測に基づいて選択した課税方式を有事に変更することが可能になったんだ。

？

本来であれば免税事業者だけど、新型コロナウイルスの感染が拡大する前の状態での事業計画に沿った設備投資計画で、還付を受けるために消費税課税事業者を選択していたけれど設備投資計画がなくなった場合、特定課税期間以後の課税期間について、課税期間の開始後であっても課税事業者をやめられる。

特定課税期間？

新型コロナウイルス感染症等の影響により事業としての収入の著しい減少があった期間内の日を含む課税期間のことだよ。

反対に、免税事業者が新型コロナの影響で業態変更の設備投資を行ったりで、課税事業者であれば還付が受けられる場合は、課税期間の開始後であっても、課税事業者を選択することが可能。

新型コロナの影響を受けた場合は、課税事業者選択届出書、課税事業者選択不適用届出書の後出しが認められる、ということですね。

そう。新型コロナウイルス感染症の影響により、令和2年2月1日から令和3年1月31日までの期間のうち、任意の1か月以上の期間の事業としての収入が、著しく減少（前年同期比概ね50％以上）した事業者が対象になる。

届出を出すんですよね？

届出と、申請書、確認書類を提出する必要があるよ。

提出書類

消費税課税事業者選択（不適用）届出書

＋

・新型コロナ税特法第10条第1項（第3項）の規定に基づく課税事業者選択（不適用）届出に係る特例承認申請書
・新型コロナウイルス感染症等の影響により事業としての収入の著しい減少があったことを確認できる書類

新型コロナウイルス感染症等の影響により事業としての収入の著しい減少があったことを確認できる書類って何のことですか？

例えば、損益計算書、月次試算表、売上帳、現金出納帳、預金通帳のコピーなどで、令和2年2月1日から令和3年1月31日までの間のうち任意の1か月以上の期間（調査期間）と、その調査期間に対応する期間の事業としての収入の金額が確認できる書類だね。

申請期限はいつまでですか？

課税事業者を選択するなら特定課税期間の末日の翌日から2か月以内、課税事業者をやめるなら特定課税期間の確定申告書の提出期限と同じだよ。

個人事業者の場合、3か月以内となっているよ。

調整対象固定資産、高額特定資産を取得した場合も免税事業者になれる

新設法人が調整対象固定資産を取得した場合、3年間は課税事業者になるけれど、全年同月比概ね50%以上収入が減少すればこれも免税事業者になることができることになった。

高額特定資産を取得して本則課税を選択した場合、高額特定資産である棚卸資産等について棚卸資産の調整措置の適用を受けた場合も同様に、高額特定資産を取得していなければ免税事業者であるならば、免税事業者になることができる。

調整対象固定資産や高額特定資産を取得すると課税事業者になることがある、というさっきの説明を聞いていなかったら、なんのことかチンプンカンプンですね

そうだよね。しかもこれ、気づかなかったら損害賠償事案だよ。

 あわわ

提出書類

・新型コロナ税特法第10条第4項から第6項の規定に基づく納税義務の免除の特例不適用承認申請書
・新型コロナウイルス感染症等の影響により事業としての収入の著しい減少があったことを確認できる書類

提出期限はこんな感じ。

① 新設法人等が基準期間のない各課税期間中に調整対象固定資産を取得した場合
「特定課税期間の確定申告書の提出期限」と「基準期間のない事業年度のうち、最後の事業年度終了の日」とのいずれか遅い日

② 高額特定資産の仕入れ等を行った場合
「特定課税期間の確定申告書の提出期限」と「高額特定資産の仕入れ等の日の属する課税期間の末日」とのいずれか遅い日

③ 高額特定資産等について棚卸資産の調整措置の適用を受けることとなった場合
「特定課税期間の確定申告書の提出期限」と「棚卸資産の調整規定の適用を受けることとなった日の属する課税期間の末日」とのいずれか遅い日

簡易課税選択事業者の場合

 簡易課税については何もないんですか？　さっきの免税事業者のように感染拡大防止のため緊急な課税仕入れが生じて一般課税に変更した方が有利になることもありますよね。

簡易課税の場合は消費税法第37条の2があるよ。

 ああ、これは新型コロナで新設された規定じゃない。前からあるヤツですね。

そうだね。災害その他やむを得ない理由が生じたことにより被害を受けた事業者は、災害等の生じた日の属する課税期間等について、簡易課税制度の適用を受けること、若しくは適用をやめることができる。

さっき松木さんが言った例もそうだし、今般の新型コロナの影響による被害で通常の業務体制の維持が難しく、事務処理能力が低下したため簡易課税に変更したいといったケースが該当するね。

提出書類

・災害等による消費税簡易課税制度選択（不適用）届出に係る特例承認申請書
・消費税簡易課税制度選択（不適用）届出書

申請期限

新型コロナウイルス感染症等の影響による被害がやんだ日から2か月以内

第7章

税務調査を受けない
方法はないのか

7-1　　　　　　　意見聴取って何？

☑ 調査移行前の意見聴取とは

はぁ〜、（株）丙の調査、やっと終わりましたね。

お疲れ様。取り立てて何も出なかったし、よかったね。

しかし、調査は気持ちが重たいですね。
調査を受けなくていい方法はないんですか？

税務調査は任意とはいえ受忍義務があるから、
受けないわけにはいかないですよね。

調査対象として抽出されたとしても、調査前にまずは税理士に
話を聞く「意見聴取」があって、そこで疑問点が解消されれば
調査に移行しないという制度があるよ。

じゃあ、意見聴取を受ければ調査にならないかもしれないんで
すね。意見聴取はどうやったら受けられるんですか？

調査通知前に意見聴取が行われるには、税理士法第33条の2
の添付書面を税理士が作成して、申告書に添付して提出する必
要がある。書面添付制度は前に説明したよね（前著参照）。

はい。税務署に申告書を提出するときに添付する書面で、それ
によって税理士が申告書・決算書は正しいと保証しているんで
すよね（前著参照）。

書面添付制度を利用している場合、税務署は納税者に対して税務調査を通知する前に、添付書面に記載されている事項について、税理士に対して意見を述べる機会を与えなければならないこととされているんだ。

なるほど。
意見聴取を受けるには書面添付をすればいいんだ。

できれば意見聴取も積極的に受けたくはないけどね（笑）。

どうして書面添付をつけなかったんですか？

（株）丙は、去年うちの関与先になったばかりだったから今回は見送ったんだよ。

 意見聴取で解決すれば調査省略

税務署は、この税理士に対する意見聴取によって疑問点が解消し、特段問題がないと判断した場合、税務調査を省略する。省略は税務署から書面により伝達されるよ。

これからは書面添付をつけよう。

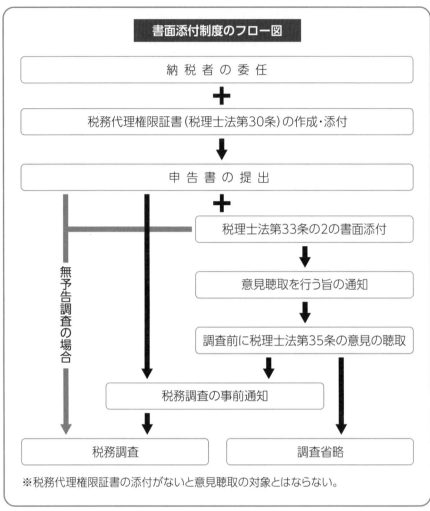

書面添付制度のフロー図

納 税 者 の 委 任

＋

税務代理権限証書（税理士法第30条）の作成・添付

↓

申 告 書 の 提 出

＋

税理士法第33条の2の書面添付

↓

意見聴取を行う旨の通知

↓

調査前に税理士法第35条の意見の聴取

無予告調査の場合

税務調査の事前通知

税務調査　　　　　　　　調査省略

※税務代理権限証書の添付がないと意見聴取の対象とはならない。

（出典：日本税理士会連合会ホームページ）

✔️ 意見聴取は調査ではない

勘違いが多いところだけど、意見聴取の段階ではまだ調査ではないんだよ。

調査に入りたいから意見聴取にくるんですよね？……なるほど、意見聴取は調査通知ではないですものね。調査の前ですね。

意見聴取を受ける前や受けた後で申告書をチェックしたら間違いが発覚した場合、調査移行前に速やかに修正申告をしてしまおう。過少申告加算税は課されなくて済むんだ。国税通則法第65条第5項だね。

時間も稼げるんだ！　ビバ！　意見聴取！

それを言うなら書面添付でしょ（苦笑）。

7-2　税務署も期待する書面添付制度

☑ 国税当局も人手不足

本当に調査が嫌なんだね（笑）。僕も好きじゃないけど……。
そんな竹橋くんに朗報。近年、調査件数は減ってきているんだ。

そうなんですか？

ひとつの理由は、今はどの業界でも人手不足といわれているけれど、国税当局も人手不足。申告件数が増えているのに、国税庁の定員はさほど増えていない。

平成元年（1989年）と比較して平成29年（2017年）の国税庁の定員は2.4%の増加だけど、法人数は30.8%も増えていますね。税務署も大変ですね。

定員と申告件数等の状況

	〈平成元年〉		〈平成29年〉
国税庁定員	54,376人	+ 2.4%	55,667人※
		↕	※平成元年以降のピーク（平成9年57,202人）に比べ△2.7%
所得税申告件数	1,697万件 [うち還付申告 659万件]	+ 27.7%	2,169万件 [うち還付申告 1,258万件]
法人数	235万法人 [うち連結法人 ―]	+ 30.8%	308万法人 [うち連結法人 1.4万法人]

（注）1 所得税申告件数…平成元年は平成元年分申告、平成 29 年は平成 28 年分申告のうち、それぞれ翌年 3 月末日までに提出された件数

2 法人数…平成元年は平成 2 年 6 月末日時点、平成 29 年は平成 29 年 6 月末日時点の法人数（清算中法人を除く。）

3 連結納税制度は平成 14 年度に創設。

（出典：国税庁「税務行政の現状と課題」（平成 30 年 1 月 24 日））

もうひとつの理由は、2011 年の国税通則法改正により税務調査の手続きが法制化されたことなんだ。

国税通則法は試験科目にないのでノーマークです。

税務調査の手続きや附帯税の内容、不服申立の内容などを定めた法律だよ。税理士にとって対税務署のとき、一番大切な法律なんだ。なのに試験科目にないって、課税庁の陰謀だと言っている学者の先生もいたよ。

（笑）

国税通則法の改正前は規制がなくて、ある意味税務署の都合よく行うことができていたけれど、改正によって厳格な手続きを踏む必要が出てきたため、税務職員の手間がかかるようになってしまい、調査件数は減少しているといわれているんだよ。

なるほど。

国税庁公表の法人税等の調査事績の概要を見ると、平成 23 事務年度の法人税の実地調査件数は 12 万 9,000 件であるのに対し、平成 28 事務年度は 9 万 7,000 件となっていて、3 万件以上減少しているんだ。

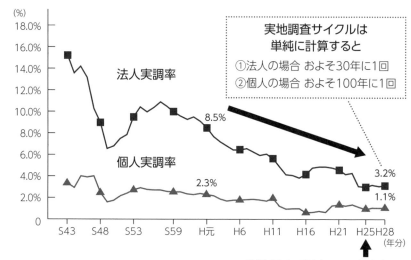

実調率の推移

①申告件数の増加等による業務量の大幅な増加、

②経済取引の国際化・高度情報化の進展による業務の質的困難化に伴い、「実調率」は、平成元年と比較して、法人・個人ともに低下

実調率＝実地調査件数÷対象法人数、税額のある申告を行った納税者数

（注1、2）

実地調査サイクルは
単純に計算すると
①法人の場合 およそ30年に1回
②個人の場合 およそ100年に1回

法人実調率

個人実調率

8.5%

2.3%

3.2%

1.1%

税務調査手続 (H25.1施行)

（注1）「法人実調率」は、実地調査の件数を対象法人数で除したもの。

（注2）「個人実調率」は、実地調査（20年分以降は実地着眼調査を含む。）の件数を税額のある申告を行った納税者数で徐したもの。

（出典：国税庁「税務行政の現状と課題」（平成30年1月24日））

マンパワーが足りないのに業務が増え続ければ実調率は下がるよね。

ジッチョウリツ？

税務調査の件数を対象法人数で除した値のことだよ。マンパワーの足りない中、効率的に税務行政を行うために税務署側が目を付けたのが書面添付制度なんだ。

☑ 書面添付は税理士資格を賭して添付するもの

税理士法第46条では、書面添付に虚偽記載をした場合、税理士は懲戒処分の対象となるとされている。

懲戒処分の内容

①戒告　　②2年以内の税理士業務の停止　　③税理士業務の禁止

税理士業務の禁止、
って仕事ができなくなるということですか？

そう、事務所がなくなってしまう。
税理士にとっては大変重い処分だよね。

書面添付って怖いんですね！

ウソを書かなければいいのだけれど、最悪の場合は税理士資格をはく奪されるから、それが独り歩きしてしまって書面添付をやらない税理士も多いんだよね。

せっかく取得した資格をはく奪されては嫌ですものね。

資格を賭して税理士が書面添付をしている申告書は信頼できる申告書であろうという前提のもと、書面添付のない申告書と比べて実調率がとても低くなっているんだ。

調査は嫌だけれど、書面添付も怖いなあ。

7–3　もし、書面添付をした申告から脱税が発覚したら

☑ 脱税指南や専門家としての相当の注意を怠ったときの処分

じゃあ、税理士が受ける可能性のある処分について勉強しておこうか。怖がってばかりじゃなくて、まず、どんなときにどうなるかを知ることが大切。それがわかれば対処法だって考えられるからね。

はい。

税理士法第 45 条に税理士が脱税相談等（脱税指南）をした場合の懲戒について定められているんだけど。

税理士法第 45 条（脱税相談等をした場合の懲戒）

1　財務大臣は、税理士が、故意に、真正の事実に反して税務代理若しくは税務書類の作成をしたとき、又は第 36 条の規定に違反する行為をしたときは、2 年以内の税理士業務の停止又は税理士業務の禁止の処分をすることができる。
2　財務大臣は、税理士が、相当の注意を怠り、前項に規定する行為をしたときは、戒告又は 2 年以内の税理士業務の停止の処分をすることができる。

ここでの「税務代理若しくは税務書類の作成」に書面添付が含まれる。「故意」とは事実に反し、又は反するおそれがあると認識して行うこと。

「相当の注意」とは税理士が職業専門家としての知識経験に基づき、通常、その結果の発生を予見し得るにも関わらず、予見し得なかったこと。これは税理士法基本通達 45-2 に記載されているよ。

☑ 記載内容が虚偽であると知らなかった場合は処罰の対象にはならない

書面添付に虚偽の記載をしたときは、懲戒処分を受けると言ったけれど、「虚偽の記載をしたとき」に該当するのは書面に記載された内容の全部又は一部が事実と異なっており、かつ、当該書面を作成した税理士がそのことをあらかじめ知っていたと認められる場合のことをいうんだ。

税理士があらかじめ知っていたときは虚偽、なんですね。

そう。単なる記載内容の誤りや書面に記載した内容が事実と異なることを知らなかった場合には、ここでいう「虚偽の記載」には当たらないと考えられているんだ。

書面添付の内容がウソだったら全部処罰されるわけではない？

その通り。納税者が税理士に脱税を隠していて、税理士は相当の注意をもって業務に当たっており、脱税の事実を知らなかった場合は懲戒処分を受けることはない。

それならよかった。

とはいえ、普段から納税者との信頼関係を構築し、真摯に業務にあたることが重要だね。

✓ 税務署が疑問に思いそうな部分を書面添付に記載する

> 書面添付にウソを書かなければ処分も怖くないし、調査の確率も下がることがわかったけれど、書面添付にはどんなことを書くんですかね？

> そうだなあ、例えば、竹橋くんが申告書を作成して僕や所長へチェックのために回付するとしよう。

> 竹橋くんは担当者として会社訪問時に直に会社を見ているし、元帳や社長との会話から、なぜ原価率が上がっているのか、なぜ修繕費が増えたのかなど、企業の状況がよく理解できて申告書を作成している。

> でも、その申告書をチェックする税理士事務所の上司や所長は、そこまでわかっていないことも多い。

> 確かに。

> そうすると上司や所長に質問されたりするし、あらかじめ申告書をチェックに回すときに説明書きを付けたりすることもあるよね。書面添付はこれと同じなんだよ。税務署の調査担当官もわからないから調査にきて質問をするんだ。

> 会社に来たこともない調査官は決算書と申告書しか資料がないから、わからないことがたくさん、ということか。

確認した書類や検討内容、著しい増減理由、相談事項。こんなあたりをしっかり書いておくといいね。例えば売上げが減少しているのに仕入れが増えている場合、棚卸しをちゃんとしているのか？　とか疑問に思ったりする。増減理由を先回りして書面添付で説明をしておけば、わざわざ調査官も調査にくる手間が省ける。

なるほど。

✓ 税務署の調査対象選定の仕方

あとは、調査対象として選定されるポイントになっている部分を書面添付に書いておくといいよね。

そんなことがわかるんですか？

税務署は、KSK システムを使って調査対象企業を選定しているんだよ。

KSK システム？

そう。全国の国税局と税務署をネットワークで結んで申告・納税の事績や各種の情報を入力して、これらを分析して税務調査や滞納整理に活用する。税務行政の根幹となる各種事務処理の高度化・効率化を図るために導入されたコンピュータシステムだよ。

なんだかすごいですね。

正式名称は国税総合管理システム。
国税のK、総合のS、管理のKの頭文字だね。

KSKって、もっとカッコいい英語の略かと思った（笑）。

KSKシステムは、売上げ、所得、経費の数値が前期と比べて大きく変動したり、同程度の規模の同業他社と比較して原価率がかけ離れていたり、棚卸資産の額が異常であるなど、同社前期比較や同業他社比較によって数値が過大あるいは過少になった企業を調査対象として抽出してくる。税務署は3期比較をこのKSKシステムでやっているよ。

財務分析システムみたいですね。

税理士が変わった直後に調査が入るといわれるんだけど、税理士が変わることで科目体系も変わり、その数値変動によってKSKシステムに抽出されやすくなるのが主な原因みたいだね。

だから、（株）丙に調査が来たのかな。

そうかもしれないわね。

調査対象先抽出おまけ

　調査が入りやすい企業としては上記のほかに、10年以上調査がない長期未接触法人や不正が多い業種があります。

　あとは、タレこみです。ウソみたいなホントの話で、こういう電話や手紙が税務署にはかなり多いそうです。あんまり周りから恨みを買ってはいけない、ということですね。

　テレビや雑誌、SNSなども税務職員はよく見ています。そのため、毎日の売上が、○○万円！　などとテレビで報道されていると、そこから業種平均の利益を割り出し、税金はこんな感じかな？　でも、提出している申告書とは違うな、じゃあ見に行こうか、となります。

　また、残念ながら調査の多い税理士もいます。調査に行くときに、調査官はどんな税理士かをリサーチしています。署内で「あの税理士なら増差がでるから」といわれている税理士もいるそうです。

調査に納得いかなかった場合

✓ 国税不服審判所とは

マルサに検察庁へ告訴されて犯罪の嫌疑が認められる場合、起訴されて管轄の地方裁判所で裁判手続きが進められるけれど、税金の世界ではもうひとつ別の裁判へのルートがある。税務署の調査に納得いかない場合、国税不服審判所を通過して裁判となるよ。

コクゼイフフクシンパンショ？

国税不服審判所。国税局や税務署とは別個の機関として設置されている。納税者と税務署長等の双方の主張を聴いて、公正な第三者的立場で審理をした上で「裁決」を行う機関だよ。

サイケツ？

司法機関ではないから「判決」ではなく「裁決」というんだ。

✓「調査で物別れ→すぐに裁判」ではない

税に関する処分は、日本全国で見れば日常的に行われている処分で、すべてが裁判所に持ち込まれると対応しきれないから、税務訴訟については、まず、国税不服審判所に対して不服申立をすることになっているんだ。

更正処分に納得いかないとすぐ裁判、とはならないんですね。

そう。法の専門家である裁判官といえども税法は特殊であることから、訴訟となる前に国税不服審判所の段階において、内容、関連法規の整理などをする意味合いも兼ねているみたいだね。

税の世界は、僕にとってはもうカオスですよ、僕にも整理してくれる人が欲しいな。

頑張れ（笑）。国税不服審判所は公正な第三者的立場で審理をするのが建前だけど、国税局の入っているビルの別のフロアに入っていることも多くて、審判員はほとんどが国税局の職員。僕の私見だけど、裁決内容も税務署寄りのものが多い印象が強いかなあ。

☑ 審判所に直接行くか、税務署に再調査依頼か

更正処分に不服の場合、「不服申立」をすることになるけれど、まず国税不服審判所に審査請求をするか、処分を行った税務署長に対して再調査の請求をするかを選択する。

税務署の処分が不服なのに、また税務署に調査を頼むんですか？

国税不服審判所に審査請求をすると、裁決まで通常１年かかるんだ。税務署長への再調査の請求は、通常３か月以内に結論がでるから、単なる計算ミスや、あとから更正・決定処分を覆せる新たな証拠が見つかった場合などは、税務署長に再調査の請求をした方が早い。

なるほど。

税務署長への再調査の請求について決定がなされ、その決定も不服である場合、もしくは再調査の請求をして3か月を経過しても再調査決定がない場合、国税不服審判所長に対して審査請求をすることができる。審査請求をしたあと、標準的な裁決まで要する期間は1年。

1年ですか、長いですね。

まあでも裁判よりは早いから。審査請求をして3か月を経過しても裁決がない場合、地方裁判所に対して原処分取消訴訟を起こすことが可能となる。ここからは裁判となって、何年かかることやら……。

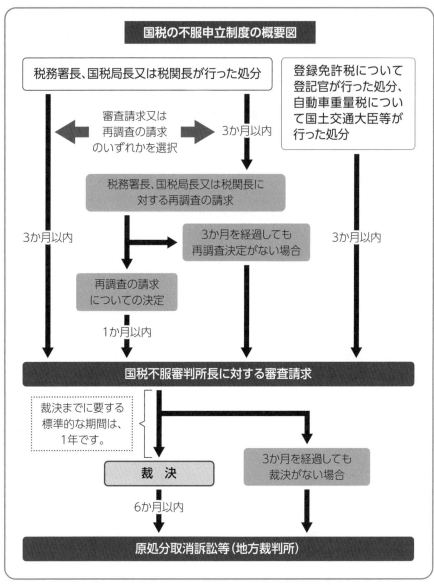

国税の不服申立制度の概要図

税務署長、国税局長又は税関長が行った処分

登録免許税について登記官が行った処分、自動車重量税について国土交通大臣等が行った処分

審査請求又は再調査の請求のいずれかを選択　3か月以内

税務署長、国税局長又は税関長に対する再調査の請求

3か月以内

3か月を経過しても再調査決定がない場合

3か月以内

再調査の請求についての決定

1か月以内

国税不服審判所長に対する審査請求

裁決までに要する標準的な期間は、1年です。

裁　決

3か月を経過しても裁決がない場合

6か月以内

原処分取消訴訟等（地方裁判所）

（出典：国税不服審判所ホームページ）

納税者の権利だから、調査で社長が納得いかないときは泣き寝入りじゃなくてこんな道がある、と説明してあげてほしい。あとは税務関係に強い弁護士の先生をご紹介しないとね。

エピローグ

有事が平時になりつつある日本で経営していくには

税理士試験に出ない項目が多かったけど、どうだったかな？

 試験には出ませんけど、社長と話すには
必要で大事な知識だと思います。

 有事の時にいかに手元資金を確保するか。それを念頭に置いて
普段から準備をご提案できたらいいなと思いました。

最近は、有事が平時になってきている感もあるからその心構え
は大事だね。

 本当に有事が平時ですよね

オリンピックが延期になるなんて、誰も想像していなかったと
思うんだ。でも、今後はそういう想像がつかない出来事が起こっ
ても企業が存続していけるような経営をしていく必要がある。

アパグループ・元谷外志雄代表は、「10年に一度は思わぬこと
が起こると想定して経営しており大丈夫だ」とインタビューで
答えていたそうで、経営者の鏡だと感嘆したよ。

 大手はそれができる体力があるからいいですけど……
中小企業は大変ですよね。

一番大切なのはキャッシュ

でも、やれることはある。日頃から借りられる体質にする努力をしておくのは大切だよ。それは、短絡的な節税をしないということでもあるね。

節税はキャッシュアウトを伴うからですね。

そう。税額が多額になりそうだからと焦って必要ない生命保険に加入したり、消耗品を買いあさったり、4年落ちの中古のベンツを買ったりしない。必要なものならもちろん購入した方がいいけれど。

でも、税理士と節税ってセットですよね？

そのイメージはあるよね。僕だって節税方法を聞かれればいろいろと答えたくもなるし、実際答えている。でも一番大切なのはキャッシュ。今回は痛感したよ。

……4年落ちの中古のベンツ？

2年で償却できるでしょ？　法人は定率法だし、購入年度に多額の償却費を計上できるからね。ベンツなら中古でもそこそこの値段するし。

ベンツで節税、ってそれか！

> **ベンツ　法定耐用年数 6 年、4 年落ちの場合**
>
> (1)　法定耐用年数から経過した年数を差し引いた年数
>   6 年− 4 年＝ 2 年
> (2)　経過年数 4 年の 20％に相当する年数
>   4 年× 20％＝ 0.8 年→ 0 年（1 年未満切捨て）
> (1)　＋　(2)　＝ 2 年

定率法の償却率は耐用年数が 2 年なら 1.000 だもの。

購入価格がまるまる損金になるわけね！

月割りを忘れないでね。

リモートワークに備えたシステム・デバイスを

それと自計化。日々の売上げ、月単位の売上げは、社長自身がしっかり把握しておけるように税理士事務所が指導していかなくてはならない。

借入れにも、持続化給付金の申請にも今年の売上げが必要でしたね。

有事に備えて、税理士事務所側としてはパソコンとネット環境があれば関与先の業績がわかるシステムを使えたらいいよね。

システムはクラウド型が主流になるかもしれない。インストール型だとシステムが入っているパソコンが手元にないと仕事ができない、となるんだよね。

そうですね。クラウド型なら関与先に行けないときでもデータを見ることができますね。

レシートをスマートフォンなどでデータ化することでそのまま仕訳が起票され、その仕訳からデータが確認可能で、そこに監査担当者や会社の経理担当者のメモが書ければ、リアルタイムでやり取りができないときでも便利だし。

PC は今回、ノート型が便利だなと思いましたよ。自宅とオフィスにモニターを置いておけば、デスクトップ型より使い勝手がいい。

ペーパーレス化も待ったなしですね。今後に備えて、ちょっとうちの事務所も改善点を洗い出して本格的に動きましょうか。

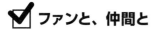 ファンと、仲間と

関与先を支援していて感じたのは、ファンがいるところは強いということ。

ある飲食店は、酒販は持っていなかったのだけど、コロナ禍で特別に税務署へ届け出すればお酒の販売もできるようになることを、僕が伝える前にお客さんからメッセージをもらったって言うんだ。

え、すごい。

テイクアウトを始めるのをためらっていたら、お客さんから催促されたってお店もあった。普段の社長のサービスを心から愛しているお客さんたちなんだろうね。こういうファンがいる店は強い。

厳しい状況下で人のつながりって温かいですね。

僕は、人のつながりの温かさを税理士仲間と感じたよ。

税理士仲間ですか？

令和2年の4月、5月は人生で一番電話がかかって来た月かもしれない、というくらい、電話が鳴りっぱなしだった。

社長に「売上げが0になっちゃったよ」と言われれば、勝手に自分の無力さを感じて眠れなかったときもあった。でも社長の手前、自分がブルーになるわけにもいかないし。

ともかく資金手当が最優先と思って必死で動いていたから、それ以外のことを調べる余裕もなくて、けっこうしんどかったんだ。

え、でも、給付金とか、先輩が教えてくれたじゃないですか。

仲間の税理士たちが新しい情報が出るとわかりやすくまとめた記事とか、官公庁の根拠資料を Facebook や Twitter で拡散してくれていたんだ。あれは本当に助かったよ。

そうだったんですね。

違う事務所なのに、連帯感を感じますね。

税理士だって家族はいるし、罹患するのは怖い。でも、ビジネスドクターとして、4月の緊急事態宣言発令中にも、中小企業を守るために日本中の税理士が一緒に闘っていたんだ。一緒に闘っている仲間がいたから、あの時期を乗り越えられたよ。

うわ、なんか感動する！

私も税理士になりたい、ってあらためて思いました。

僕も、税理士になりたい。

お、その気持ちは嬉しいね。税理士試験まで、日にちがないぞ、2人とも頑張れ！

はい！

········· 著者紹介 ·········

高山　弥生 （たかやま　やよい）

　税理士。1976 年埼玉県出身。早稲田大学大学院商学研究科修了。資産税系を
得意とする。

　一般企業に就職後、税理士事務所に転職。顧客に資産家を多く持つ事務所であっ
たため、所得税と法人税の違いを強く意識。「顧客にとって税目はない」をモットー
に、専門用語をなるべく使わない、わかりやすいホンネトークが好評。

　自身が税理士事務所に入所したてのころに知識不足で苦しんだ経験から、にほ
んブログ村の税理士枠で常にランキング上位にある人気ブログ『3 分でわかる！
会計事務所スタッフ必読ブログ』を執筆している。

　著書に『税理士事務所に入って 3 年以内に読む本』(税務研究会出版局) がある。

『3 分でわかる！会計事務所スタッフ必読ブログ』
はこちらから▶

税理士事務所スタッフが社長と話せるようになる本

令和2年10月15日　初版第1刷発行
令和5年5月25日　初版第4刷発行

（著者承認検印省略）

©著者　　　　　高　山　弥　生

発行所　　　　税 務 研 究 会 出 版 局

週　刊「税務通信」発行所
　　　「経営財務」

代表者　　　　山　根　　毅

〒100-0005
東京都千代田区丸の内1-8-2　鉄鋼ビルディング
https://www.zeiken.co.jp

乱丁・落丁の場合は、お取替え致します。

イラスト　夏乃まつり
印刷・製本　テックプランニング株式会社

ISBN978-4-7931-2573-7